U0962041

企业主体特征、高管特征与海外技术并购绩效

Enterprise subject characteristics,
executive characteristics and overseas technology
M & A performance

董占奎 杨阳／著

中国经济出版社
CHINA ECONOMIC PUBLISHING HOUSE
·北 京·

图书在版编目（CIP）数据

企业主体特征、高管特征与海外技术并购绩效 / 董占奎著. --北京：中国经济出版社，2021.11
ISBN 978-7-5136-6726-5

Ⅰ. ①企… Ⅱ. ①董… Ⅲ. ①海外企业-企业兼并-影响-企业绩效-研究 Ⅳ. ①F272.5

中国版本图书馆 CIP 数据核字（2021）第 225730 号

责任编辑 陈 瑞
责任印制 马小宾
封面设计 任燕飞

出版发行 中国经济出版社
印 刷 者 北京艾普海德印刷有限公司
经 销 者 各地新华书店
开 本 710mm×1000mm 1/16
印 张 15
字 数 217 千字
版 次 2021 年 11 月第 1 版
印 次 2021 年 11 月第 1 次
定 价 78.00 元
广告经营许可证 京西工商广字第 8179 号

中国经济出版社 **网址** www.economyph.com **社址** 北京市东城区安定门外大街 58 号 **邮编** 100011
本版图书如存在印装质量问题，请与本社销售中心联系调换（联系电话：010-57512564）

前言

PREFACE

随着近年来中国经济进入新常态，中国经济发展的引擎开始从传统的要素驱动向创新驱动转变。政府开始大力推行以推动企业进行技术创新为主要目的的供给侧结构性改革，旨在通过技术创新实现对产业结构、社会结构的调整和升级，促进经济的发展。在这种背景下，越来越多的中国企业试图通过海外技术并购，获取先进的知识和技术，形成自身的创新性资源，提高核心竞争力，从而提高价值创造能力。同时，由于中国企业管理团队和管理理念相对落后、海外技术并购和经营经验缺乏、基础技术薄弱、所有制结构不合理等，中国企业海外技术并购的成功率相对偏低。因此，如何引导中国企业在海外技术并购中进行技术获取、并购整合吸收、技术合并开发和技术管理，成为理论界一个十分紧迫而又极具现实意义的问题。

以上市公司为主体的海外技术并购已然成为当代企业快速扩张迈向世界舞台的重要形式。诺贝尔经济学奖得主、美国芝加哥大学经济学教授乔治·斯蒂格勒曾指出：美国大多数大型企业都是通过某种程度、某种方式的并购实现规模扩张的，而非仅依靠自身的积累。这进一步说明了并购对于企业快速扩张的重要性。改革开放40多年来，我国企业在越来越多的海外技术并购中逐步践行了“走出去”的战略方针，整体上，中国企业海外技术并购市场呈现快速增长趋势，实现了一次又一次“破纪录”的海外技术并购。从清科私募通关于我国企业海外技术并购的统计数据来看，并购交易数量和并购交易金额都呈现持续增长趋势，并且专家预计在未来依然还会保持持续增长。跨国并购持续增长的深层原因，是技术创新能力在企业竞争力上的凸显，越来越多的企业通过跨国并购获取并吸收世界市场的先进技术资源，突破现有发展上的瓶颈，进而达到技术创新、拓宽海外市场的目的。但我国海外技术并购相比于发达国家仍然处于初级发展阶段，企业实施海外技术并购后并未带来实际创新绩效。这是因为基于多数企业海外技术并购寻求先进技术资源的目的，在并购完成后，主并方企业如何快速识别并吸收外部先进资源，进一步将外部资源整合为企业自身核心竞争力，促进对创新绩效提升的路径尚未真正明确。

在对企业海外技术并购进行的研究中，大量的学者把焦点放在了海外技术并购对企业绩效特别是财务绩效的影响方面，偶尔有海外技术并购对企业股价影响的研究，都集中在海外技术并购对企业估值的影响方面。关于海外技术并购对企业股价变动、创新绩效影响的研究相对来说还比较少，从并购企业主体特征和高管团队特征的视角研究其对股价和创新绩效的影响，还鲜有学者进行。

基于此，本书整合了近两年来笔者关于并购企业主体特征、高管团队特征与并购创新绩效的研究成果，从理论和实证上阐明了并购企业主体特征对于并购后短期股价变动和长期创新绩效的影响与作用路径，以及高管团队特征和海外背景特征对于并购后创新绩效的影响，本书的研究结论具有显著的理论意义和重要的实践指导价值。

本书共分九章，分为理论部分和实证部分，由董占奎和杨阳两位作者共同完成。其中，第 1 章到第 3 章的绪论、文献梳理、理论阐述、实证章节的理论和假设、第 9 章的结论部分等文字撰写工作由杨阳负责起草和修改。第 4 章到第 8 章实证分析部分中的实证设计、数据收集和整理、数据分析由董占奎负责完成。由于作者水平有限，书中难免有不足和错误之处，敬请各位专家、同仁和读者批评指正。

董占奎

2021 年 5 月

目录

CONTENTS

第 1 章　绪论 ………………………………………………… 001

1.1　研究背景和问题的提出 ………………………………… 003

1.1.1　研究的现实背景 ………………………………… 003

1.1.2　研究的理论背景 ………………………………… 011

1.1.3　问题的提出 ……………………………………… 013

1.2　研究目的与意义 ………………………………………… 015

1.2.1　研究目的 ………………………………………… 015

1.2.2　研究意义 ………………………………………… 017

1.3　研究思路与本书结构 …………………………………… 021

1.3.1　研究思路 ………………………………………… 021

1.3.2　本书结构 ………………………………………… 024

1.4　研究方法与技术路线 …………………………………… 027

1.4.1　研究方法 ………………………………………… 027

1.4.2　技术路线 ………………………………………… 028

第 2 章　文献综述 ……………………………………………… 029

2.1　我国企业跨国并购特征 ………………………………… 031

2.2　企业海外技术并购动机研究回顾 ……………………… 032

2.2.1　国外学者对企业海外技术并购动机的研究回顾 …… 032

2.2.2 国内学者对企业海外技术并购动机的研究回顾…………… 040
2.2.3 海外技术并购动机研究评论………………………………… 043
2.3 海外技术并购对财务绩效影响的文献回顾………………………… 045
2.3.1 海外技术并购财务绩效的正效应…………………………… 046
2.3.2 海外技术并购财务绩效的负效应…………………………… 050
2.4 海外技术并购对创新绩效影响的文献回顾………………………… 052
2.4.1 获取海外技术并购创新绩效的流行战略…………………… 052
2.4.2 对海外技术并购创新绩效的文献回顾……………………… 054
2.4.3 中国企业海外技术并购创新绩效的文献回顾……………… 056
2.4.4 企业海外技术并购创新绩效的影响因素…………………… 059
2.5 海外技术并购对股价波动影响的文献回顾………………………… 065
2.5.1 海外技术并购对股价表现的正效应………………………… 065
2.5.2 海外技术并购对股价表现的负效应………………………… 068
2.5.3 海外技术并购对股价影响的研究评述……………………… 069
2.6 主体特征与并购后创新绩效………………………………………… 070
2.7 高管背景与并购后创新绩效………………………………………… 076
2.7.1 高管团队异质性与并购后创新绩效………………………… 076
2.7.2 高管海外背景与并购后创新绩效…………………………… 080
2.8 研究述评……………………………………………………………… 082

第3章 概念界定与理论分析 ………………………………… 085

3.1 概念界定……………………………………………………………… 087
3.1.1 跨国并购……………………………………………………… 087
3.1.2 创新绩效概念及度量………………………………………… 087
3.1.3 企业主体特征………………………………………………… 089
3.1.4 高管团队异质性……………………………………………… 092
3.1.5 高管团队海外背景…………………………………………… 093

3.2 理论基础…………………………………………………………………… 094
3.2.1 资源基础理论……………………………………………………………… 094
3.2.2 高层梯队理论……………………………………………………………… 095
3.2.3 吸收能力理论……………………………………………………………… 096

第4章 海外技术并购前后绩效的对比分析 ……………………… 099

4.1 引言……………………………………………………………………………… 101
4.2 均值比较与非参数检验………………………………………………………… 101
4.3 主并企业并购前后财务绩效差异化分析……………………………………… 103
4.3.1 并购前后财务绩效均值比较……………………………………………… 105
4.3.2 并购前后财务绩效非参数检验…………………………………………… 107
4.4 主并企业并购前后创新绩效差异化分析……………………………………… 109
4.4.1 并购前后创新绩效均值比较……………………………………………… 110
4.4.2 并购前后创新绩效非参数检验…………………………………………… 112
4.5 主并企业并购前后股票价格差异化分析……………………………………… 113
4.5.1 并购前后股价均值比较…………………………………………………… 115
4.5.2 并购前后股价非参数检验………………………………………………… 116

第5章 主体特征对并购后短期股票价格变化的影响分析 … 119

5.1 并购主体特征因素（因子）分析 ……………………………………………… 121
5.1.1 指标数据标准化处理……………………………………………………… 122
5.1.2 多维度指标降维处理……………………………………………………… 122
5.2 理论分析与研究假设…………………………………………………………… 126
5.3 变量与模型……………………………………………………………………… 130
5.4 实证结果分析…………………………………………………………………… 131
5.4.1 主并企业特征与股价变动的关系………………………………………… 131
5.4.2 市场行情对主并企业特征与股价变动关系的影响………… 133

第6章 主体特征对并购后创新绩效的影响分析 …… 137
6.1 理论分析与研究假设 …… 139
6.2 变量描述 …… 147
6.3 主并企业特征与创新绩效的关系 …… 148
6.4 主并企业特征与创新绩效关系的稳健性检验 …… 149
第7章 高管团队异质性对并购后创新绩效的影响分析 …… 153
7.1 样本选取与数据来源 …… 155
7.2 相关研究假设 …… 155
7.2.1 高管团队异质性对企业创新绩效的影响 …… 155
7.2.2 公司治理的调节作用 …… 158
7.3 变量设计 …… 159
7.3.1 因变量 …… 159
7.3.2 自变量 …… 159
7.3.3 调节变量 …… 160
7.3.4 控制变量 …… 161
7.4 模型设计 …… 162
7.5 描述性统计分析 …… 163
7.5.1 研发投入经费占比描述性统计分析 …… 163
7.5.2 高管团队异质性的描述性统计分析 …… 164
7.5.3 公司治理的描述性统计分析 …… 166
7.6 相关性检验分析 …… 167
7.7 回归分析 …… 168
7.7.1 多重共线性检验 …… 168
7.7.2 多元回归分析结果 …… 169
7.8 本章结论 …… 172

第 8 章　高管海外背景对并购后创新绩效的影响分析 ………… 175

8.1　研究假设 ………… 177
8.2　数据来源与样本选择 ………… 179
8.2.1　变量设计 ………… 180
8.3　描述性统计 ………… 182
8.4　相关性检验 ………… 183
8.5　高管海外背景对并购后创新绩效的影响 ………… 185
8.5.1　模型设定 ………… 185
8.5.2　计量结果分析 ………… 186
8.5.3　稳健性检验 ………… 189
8.6　并购成熟度的调节作用 ………… 190
8.6.1　模型设定 ………… 190
8.6.2　计量结果分析 ………… 191

第 9 章　结论与展望 ………… 193

9.1　研究结论 ………… 195
9.2　对未来企业进行海外技术并购实践的意见和建议 ………… 197
9.3　局限性和未来可能的研究方向 ………… 198
9.3.1　研究的局限性 ………… 198
9.3.2　未来研究的方向 ………… 199

参考文献 ………… 201

索　引 ………… 227

第 1 章

绪 论

Chapter 1

1.1　研究背景和问题的提出

1.1.1　研究的现实背景

（1）企业海外技术并购的不断增长和中国企业海外技术并购的不断升温已经引起世界的关注。并购作为完善企业生产经营结构、改善企业资源配置方式和质量、提高企业在市场中竞争力的主要方式，一方面，为企业发展提供了内在动力；另一方面，又会受其他因素影响而变成压力。成功的并购，不仅能使企业实现规模经济和协同效应，从而提高企业的效率，也能使企业受到市场和社会的关注，获得额外的社会效益。在全球经济发展的过程中，受不同时期企业目标最大化的影响，大批企业不仅屡次掀起并购浪潮，而且使这种并购行为基本上贯穿了全球经济发展的始终。

从 19 世纪 90 年代开始，以美国为代表的西方国家的企业，在其经济和资本市场发展的进程中，进行了持续多年的并购活动，并掀起了 6 次大规模的并购浪潮，分别为：1897—1904 年，以提升企业效率为动机的第一次并购浪潮；1916—1929 年，以提高行业集中度为动机的第二次并购浪潮；1965—1969 年，高市盈率的企业通过并购低市盈率、高收益增长率的企业，以提高合并后企业股价的集团企业时代，即第三次并购浪潮；20 世纪 80 年代，以债务融资为主要手段进行杠杆收购的第四次并购浪潮；20 世纪 90 年代，由计算机发展带来的信息技术革命、政府持续弱化对市场的监管、全球贸易壁垒不断降低和全球私有化等形成的合力推动美国经济扩张和股市繁荣，并由此产生的以战略并购为主的第五次并购浪潮；2003—

2008年，全球流动性增加和高度放任的货币政策引起全球资本流动加快，从而掀起的第六次并购浪潮。

近年来，随着互联网和信息技术、人工智能以及区块链技术等高新技术的发展和资本、金融模式的创新，以及跨国企业公司治理制度的完善、跨国公司海外经营理论的成熟，大多数企业在全球经济、市场一体化、金融创新以及产业整合的基础上，更加注重对新知识、新技术的获取和创新。企业为了实现资源配置质量和企业效率的提升，开始由海外资源并购转向海外技术并购。对于参与的企业而言，虽然进行海外技术并购存在投入大、风险高等问题，但是一旦技术并购取得成功，就将避免研发周期长、资金投入多、不确定性大等不利因素，使企业能够迅速取得技术优势，获取先进的管理体系和管理经验，拓展并形成完善的全球市场体系。受此影响，全球企业海外技术并购的浪潮也越来越强烈，从海外技术并购的交易数量、交易金额到单笔交易额都有大幅提高。

2008年世界金融危机爆发后，西方国家大量企业被波及并遭受重大损失，加上以希腊为代表的欧洲债务危机的影响，直到2012年，全球经济下行压力越来越大的局面仍未改变。受全球经济复苏压力大的影响，西方发达国家的企业在全球海外技术并购中开始逡巡不前。与此同时，中国经济持续稳定发展，使越来越多的中国企业看到了机会，积极参与和融入全球对外直接投资的浪潮中。2010年，中国企业对外直接投资流量同比增长了54.7%，达到688.1亿美元，基本接近2002—2007年对外直接投资流量的总和，并超过日本，位居全球第五。中国参与对外直接投资的企业也不断增多，在欧美的直接投资数量和金额呈直线上涨。从2012年起，中国企业对外直接投资的规模越来越大；2014年，中国企业对外直接投资更是突破了1 000亿美元，进行海外技术并购的企业达到287家。总体而言，中国企业的海外技术并购，呈现一种扩大的趋势。2007—2016年中国企业跨境并购交易统计如图1-1所示。

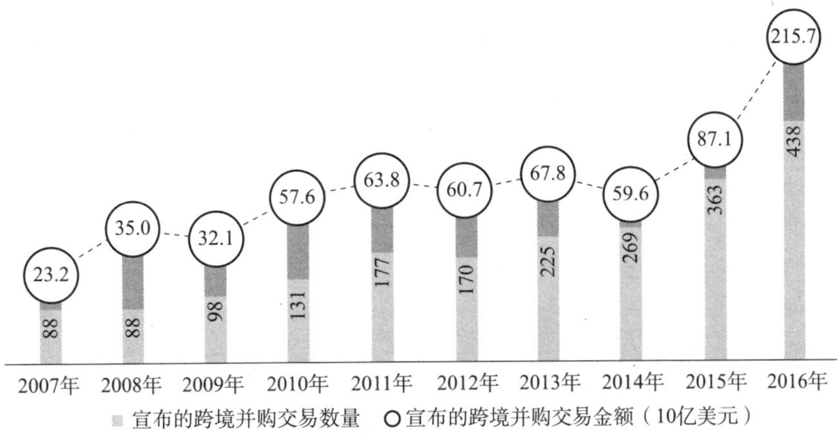

图 1-1 2007—2016 年中国企业跨境并购交易统计

在中国企业海外技术并购的数量和金额不断提高的同时，中国企业选择进行海外技术并购的目标企业的东道国范围越来越广，中国企业开始以选择发达国家的企业为目标，以获取其先进的技术和管理经验为目的，进行海外技术并购。以 2015 年为例，中国企业海外技术并购目标企业所在地以西欧、北美与东亚为最热门的区域。2015 年中国企业海外技术并购目标企业所属区域分布如图 1-2 所示。

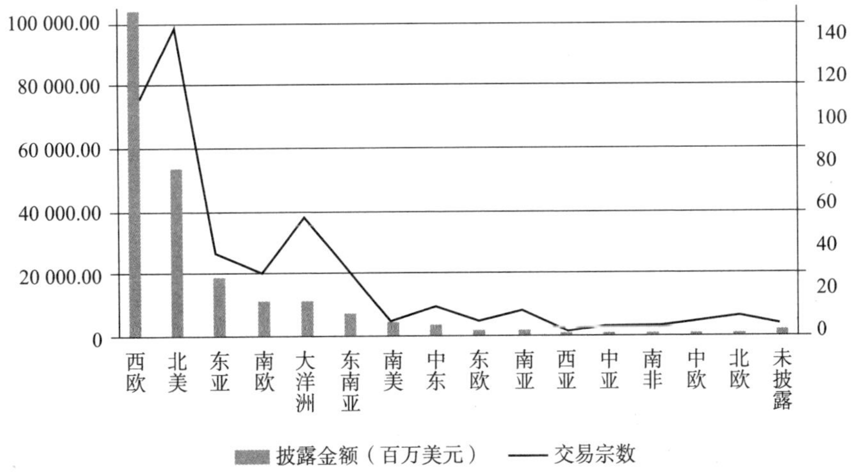

图 1-2 2015 年中国企业海外技术并购目标企业所属区域分布

数据来源：清科数据库。

在中国企业海外技术并购标的所在国家的选择上，美国、瑞士和英国成为中国企业海外技术并购的三大热门目的国，如图 1-3 所示。

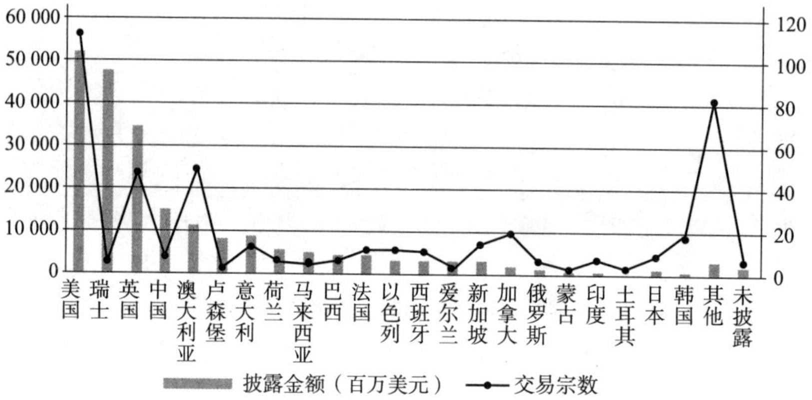

图 1-3　2015 年中国企业海外技术并购标的所在国家统计

数据来源：清科数据库。

（2）海外技术并购成为中国企业实现技术获取和技术创新的重要途径。在当今全球竞争环境中，企业的管理部门面临的最重要的战略决策之一就是技术获取或开发问题。过去，企业通常依靠以内部资金投入，进行内部技术开发的方式来获取新的技术并形成创新能力，或者在对其他企业进行收购或合并时部分或全部获取自身发展需要的、对方拥有的独特技术或能力。

但是，20 世纪 90 年代以后，由于信息技术革命的兴起和发展、政府对市场监管的持续弱化以及全球贸易壁垒的逐渐消除，特别是 2008 年之后互联网金融和电子支付技术迅猛发展，全球经济一体化的速度开始进一步加快。与此同时，消费者在产品来源、产品质量、产品安全、快捷程度以及个性化服务和选择等方面的要求越来越高，市场由卖方市场向买方市场转变，进而对企业的生产产生了逆向影响，对企业提出了更高的要求。在这种情况下，越来越多的企业开始面临由于科学技术不断进步而带来的产品和技术的升级换代速度加快、市场和技术多元化不断增强等问题。进行海外技术并购的企业开始明显感受到技术获取和整合、制度更新与发展、管理结构协调和完善等技术创新的压力。此时，对于单个企业来说，即便它具有庞大的生产经营规模和雄厚的资金、技术实力，但仅依靠其自身的技术基础和资金投入对未来更新的技术进行研发与创新，基本上也无法完全满足其在激烈竞争的市场中对诸多新知识、新技术的需求。因此，越来越多的企业开始更多地转向更具创新性的外部技术收购模式，而不再是进行合并或者直接收购，而且它们对外部技术来源的兴趣也不断上升。

近年来，由中国企业发起的并购浪潮，就是参照了这种利用外部资源（资金）获取内部技术并进行开发的模式。中国企业的海外技术并购大致分为两个阶段：第一个阶段是2000年至2012年，在全球经济快速发展、国际油价持续上涨、大宗商品价格不断攀升的情况下，为了获取更多支持中国企业发展的资源，中国企业尤其是国有企业开始在海外进行资源寻求型并购；第二个阶段是从2013年开始，中国经济进入新常态，下行压力越来越大，推动中国经济发展的首要因素从传统的要素驱动向创新驱动转变。中国政府开始推行以推动企业进行技术创新为主的供给侧结构性改革，以此促进产业结构升级、调整经济发展方向，改变经济发展方式。在这个前提下，中国企业开始以获取先进的知识和技术为目的，以对全球知识和技术资源进行整体布局为手段，进行海外技术并购。从行业来看，中国企业海外技术并购也开始从以传统资源、房地产等为代表的资源寻求型并购为主转向以电信服务、信息技术、新材料开发、医疗保健等为代表的技术获取型并购为主。以2016年和2017年为例，如图1-4、图1-5所示。

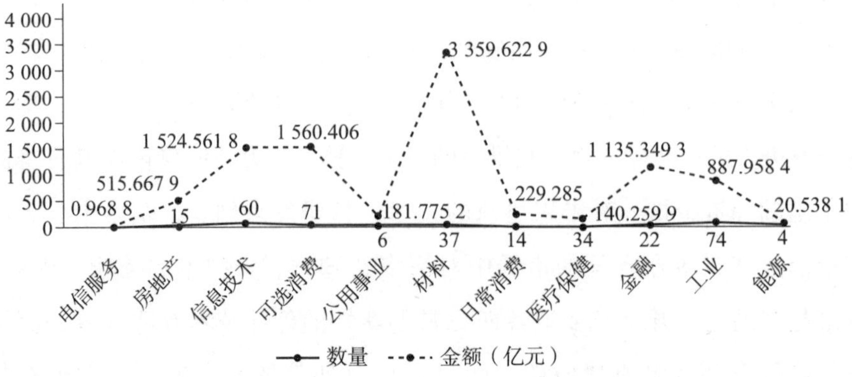

图 1-4　2016 年跨国并购行业汇总

数据来源：wind 数据库。

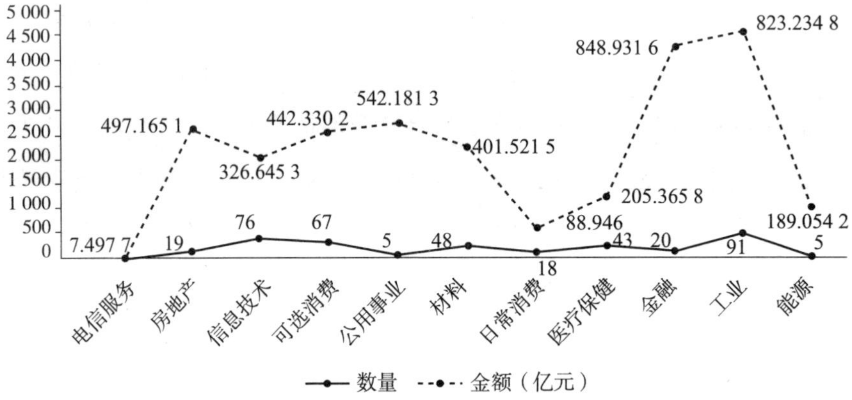

图 1-5　2017 年跨国并购行业汇总

数据来源：Wind 数据库。

（3）海外技术并购成为企业实现技术战略的重要手段。企业的技术战略是企业得以持续发展的一个基本组成部分，它为支撑企业核心竞争力实现的技术的取得提供了决策的方式和依据。另外，它也对企业的总体竞争战略和定位提供了支持。对于企业来说，制定一项可行的技术战略，概述其外部和内部技术开发的必要性，并指出两者之间何时进行交替，对企业的发展具有重要的战略意义。

对于企业的技术战略，特别是对于内部和外部技术开发的数量和时间，需要得到两个方面的支持，即确定相对于内部发展的外部技术获取的主要决定因素和明确了解每个因素对企业市场绩效和创新绩效的不同影响。虽然许多因素可能促使企业决定寻求和利用外部技术资源，但是，这些因素要受到企业技术战略的制约和影响。

企业的技术战略主要包括三个方面：一是与产品及其技术生命周期相关的竞争动态和企业行为；二是关于核心技术能力的批准制度以及相对的保护措施或政策；三是企业进行国内技术资源开发的可能性及面对的竞争。此外，技术战略下的技术采购策略几乎肯定会影响企业的绩效，进而对市场绩效和创新绩效产生影响。

目前，对新的知识和技术进行单纯的内部开发，基本已经不能满足企业保持其核心竞争力的需求。因此，通过外部手段开发和获取新的知识和技术以及实现其创新绩效的能力，就成了企业技术战略的核心组成部分。这种外部手段不仅适用于企业对未来产品和技术的进一步研发，也适用于对企业未来所承担风险的消减。通过外部来源获取知识和技术，可以促进商业技术和产品的迅速开发和部署，获得最先进的技术，实现技术创新，并有助于企业市场绩效和创新绩效的提高。同时，企业可以通过削减内部对于技术开发的投入，以节省更多的财务资源。

（4）股价变动成为衡量海外技术并购企业价值变化的重要指标。在对企业价值进行衡量时，传统的现金流折现理论认为，企业的价值是通过其未来的现金流现值表现出来的，海外技术并购作为一种存在风险的行为，有可能为企业带来现金流增加的机会，也有可能使企业获得现金流的机会减少。因此，现金流折现理论认为在对企业的价值进行衡量时，预测其现金流的变化十分重要。但在现实的生产方式中，准确预测现金流的困难和现金流折现模型中未能包含的管理柔性带来的价值增加等因素都是现金流折现理论当前难以解决的问题，并使其在实际中的应用受到重大的限制。

随着股票市场的兴起和完善，企业的股价不仅为企业及其股权带来了新的市场定价方式，而且使企业的价值——无论是表面价值还是内在价值都得到了直观反映。尽管在当前的研究中，学者们认为股票市场存在着强有效市场、半强有效市场和弱有效市场之分，但是，无论在哪种股票市场中，股价的变化都被认为是一个能够衡量企业价值变化的有效指标。

股票的价格是由其价值决定的，股票的价值可以由企业财务报表所反映的资产及其收益能力来估算，这些资产及其收益能力，是独立于市场交易价格即历史数据的，也就是说，无论是否存在二级市场的股票交易，企业的股价仍然是客观存在的。在资本市场上，股价是各利益相关方关注的焦点，因为股价体现了股东财富；另外，股价实际上代表着投资者对企业未来收益的预期，这种预期代表了市场对企业股票价值所做出的估计，也代表着投资者对未来企业价值变化的判断。股票的价值是由企业的价值决定的，现代金融学认为，企业的价值是该企业预期中自由现金流的流量以它的加权平均资本成本乘以贴现率折现之后的现值。企业的价值与企业的财务决策和企业的绩效密切相关，它既体现了企业资金的时间价值、企业应对风险以及持续发展的能力，又反映了所有与企业利益相关的群体（包括股东、债权人、管理层、员工及政府等）获得满意回报的能力。

由此可见，股价取决于股票价值，而股票价值是由企业价值决定的。在市场上，股价的变化，对于企业来说，取决于其是否能够创造更大的价值。

对于海外技术并购企业来说，其价值变化主要反映在并购绩效等方面，主要包括财务绩效、经营绩效和创新绩效。企业通过海外技术并购，获取新的知识和技术，不仅有利于企业对未来产品和技术的更新、升级，也有利于企业对未来所面临风险的规避。通过海外技术并购，企业可以加快技术和产品的研发与应用，实现技术创新，从而有助于企业财务绩效和创新绩效的提高。同时，企业可以削减内部对于技术开发的投入，为企业节省更多的财务资源，从而实现其自身价值的提高。

（5）主体特征对企业的发展，尤其是对企业海外技术并购的影响开始越来越被受到重视。越来越多的中国企业试图通过海外技术并购，获取先进的知识和技术，形成自身的创新性资源，提高自己的核心竞争力，从而提高自己的价值创造能力。但是，根据麦肯锡的研究和中国商务部的统计，进行海外技术并购的中国企业，只有约 1/3 取得了成功，其余的都遭到了失败。在进行海外技术并购的企业，尤其是处于相同行业和生命周期、规模体量相似的企业中，有的能够成功，而有的却遭到失败，这种现象引起了企业界和理论界的注意。部分研究者发现，在进行海外技术并购的企业之间，存在着相对比较明显、具有自身主体特征的差异，这种差异反映在企业的技术目标、管理理念、产品创新、治理结构和制度结构等各个方面。如不同企业对技术目标实现的研发投入意愿不同，这种不同会引起企业的绝对技术规模变化，进而引起产品创新的差异；所有制结构不同的企业会具有不同的治理结构和制度结构，从而影响企业的技术创新、产品创新和管理创新等。基于这种认识，大量企业和研究人员开始对海外技术并购企业的主体特征进行研究，并引起了国家相关政策的变化，如近年开始进行的国有企业混合所有制改革等。

1.1.2 研究的理论背景

（1）研究主体特征对企业海外技术并购后股价变动的影响，对于进一步丰富和完善企业海外技术并购与技术创新的理论体系有着十分重要的意义。

研究主体特征对企业海外技术并购后股价的影响，实际上是研究企业主体特征对企业海外技术并购后价值创造能力的影响，这是通过海外技术并购后企业的财务绩效以及创新绩效所反映出来的。在过去的几十年中，尽管理论界对企业的海外技术并购和技术并购、技术并购后整合、跨国公司海外经营、企业海外技术并购的财务绩效和创新绩效进行了大量的研究，但是，学者们对企业海外技术并购过程的复杂性的理解是有限的，对这些并购的研究也是分门别类进行的，他们在研究中所采用的研究方法和选取的样本也各不相同。同时，不同的研究流派之间的了解和交流存在局限性，关于企业海外技术并购的现有知识体系仍然不完善。

同样，对于企业海外技术并购对创新绩效和股价的影响等方面的研究框架尚没有完全形成。主要原因有两个：一是现有对企业海外技术并购的研究，大部分都是针对西方发达国家的跨国公司进行的。由于中国等新兴市场国家存在产业结构不合理、产业集中度低下、市场环境相对不成熟等因素，因此对新兴市场国家尤其是中国的企业海外技术并购的研究，特别是对海外技术并购的创新绩效和股价的研究，几乎完全空白。二是在现有的实证分析方面，学者们的研究大部分是基于企业的微观金融角度，利用企业的财务指标和会计数据对企业价值最大化目标的实现途径等进行分析的，对影响企业创新绩效和股价的宏观因素的关注相对较少。在这方面，大多数前人的研究都是借鉴金融、公司治理和管理文献中的因素，对发达国家的并购现象进行了研究，但是以前的研究中，仍然存在很多空白，如对企业海外技术并购的创新绩效和股价所受到的制度环境影响的研究还处于起步阶段，对技术并购成功率相对低下的原因的研究几乎还没有人进行，对不同政府吸引对外直接投资中的制度性效应的研究仍没有开展等。因此，对影响海外技术并购的宏观因素和并购企业在不同制度环境中的表现，以及对其创新绩效和股价的影响进行研究，可以弥补前人在企业并购理论中的缺陷和不足。

（2）在对企业并购、企业海外技术并购的研究中，学者们虽然得出了很多有意义的结论，但是这些经过努力得出的结果还是有很多地方不尽如人意，如现有结论无法解释为什么大量海外技术并购的市场绩效和创新绩效表现不佳；海外技术并购的市场绩效和创新绩效中单变量与总体绩效的联系难以实现等。因此，在现有研究结论中，是否存在现有实证研究没有明确和反复确定那些影响企业市场绩效和创新绩效的变量，是否应该更多地关注目前在理论研究中代表性不足的非财务变量，将为企业海外技术并购的市场绩效和创新绩效研究提供一个填补空白的机会。

（3）在现有的研究中，研究人员在考察海外技术并购活动、经济增长和企业股价变动之间的关系时，往往使用单一类型的数据对进行海外技术并购的企业进行研究。但是，对于海外技术并购活动是否可以作为经济增长或者企业股价变动的预测指标、后两个变量是否会对海外技术并购活动产生实质性影响、它们的这些影响是通过何种机制进行传导的、它们影响的程度如何等这些问题的研究，基本上还是一个没有人涉足的领域。因此，通过主体特征对海外技术并购企业股价变动的影响，对海外技术并购企业市场绩效和创新绩效进行研究，将对企业海外技术并购理论提供新的研究思路和研究方法。

1.1.3 问题的提出

主体特征对企业海外技术并购后股价的影响，是通过海外技术并购对企业价值创造能力的影响来反映的。而企业价值的变化，从根本上讲，是通过企业的市场绩效、创新绩效的提高来实现的。因此，在对海外技术并购与企业股价变动进行研究时，需要明确以下几个问题。

（1）中国企业进行海外技术并购是否提高了企业的技术创新水平？

新兴市场不仅是外国直接投资的接受者，而且是全球39%的外国直接投资的重要贡献者，并成为全球经济走出2008年金融危机的阴影，进入复苏和增长阶段的一个关键因素。作为新兴市场国家代表的中国，通过2008年以来大量增加的对外直接投资，为全球经济复苏和增长发挥了至关重要的作用。

中国企业的海外技术并购活动，经历了从资源寻求型并购到知识、技术获取型并购转变的过程。在通过资源寻求型并购实现了对战略资源的优化配置之后，为了获取先进的知识和独特的技术，增强自身核心竞争力，获得先进的管理经验和成熟的营销方式，大量中国企业开始对海外技术并购青睐有加。关于海外技术合并和收购，企业获得的知识库的相对规模是否一定增加了，以及获得的知识库的绝对规模是否能对企业的技术创新提供帮助，这些问题将是本研究需要探索和解决的问题。

（2）主体特征是否会影响中国企业海外技术并购后的创新绩效和股价？

能够对海外技术并购企业的创新绩效和股价产生直接影响的因素，主要体现在并购后企业的价值创造能力上。企业的价值创造能力，主要体现在几个方面：一是市场力量，即企业采用新技术之后其产品对市场的占有能力、对市场规则的影响，以及由此产生的相对于其他企业的进入障碍的情况；二是企业的效率，也就是企业在进行海外技术并购之后，技术整合和转化的能力以及企业生产、经营、销售等方面产生的效率的变化的情况；三是资源部署能力，主要指企业在进行海外技术并购之后，对环境因素的适应、对企业内部管理体系和管理人员的重新配置以及对资源优化配置的能力；四是企业主要业务之外的能力，主要体现在企业对所获取的新知识和新技术的运用和掌握，尤其是利用新知识和新技术，对未来自身发展所需要的新知识和新技术进行探索的能力。

探索海外技术并购与技术创新对企业的创新绩效和股价变动的影响，以及产生这种影响的传导机制，对于中国企业技术创新的目标和方向以及创新绩效的提高，具有十分重要的意义。

（3）影响中国海外技术并购企业主体特征和股价的因素有哪些，这种影响是如何实现的？

对于传统企业并购来说，影响企业技术创新的主要有人才、技术、资金、制度、市场等因素。但是，对于进行海外技术并购的企业来说，由于进行并购的客体是知识和技术，它们往往会呈现不同于一般并购企业的主体特征。主要表现为几个方面：一是自身具备的并购经验和海外技术并购经验，这些并购经验可能会对企业进行海外技术并购的交易成本产生影响；二是企业的治理结构如企业的管理层设置等，这些因素会对企业未来的发展目标和管理结构产生影响，进而对企业的技术并购动机和企业的创新绩效、股价变动产生影响；三是企业的行业相关性，这会对企业知识库的变化目标和企业的技术规模产生影响；四是企业的规模和股权集中度，这会使企业在选择技术并购方向、技术并购方式等方面，做出比较理性的选择；五是企业的财务资源，这是影响企业并购后利用所获取的技术对未来所需的新的知识和技术进行探索的最为重要的支撑，企业财务资源的多少，决定了它们在新知识和新技术研发中的融资方式与投入情况，这对企业是否能够进一步取得核心竞争优势起到决定性作用，进而会对企业的创新绩效和股价变动产生关键性影响。

1.2 研究目的与意义

1.2.1 研究目的

在当今世界中，国与国之间的较量主要体现在综合国力的对比上，而综合国力的主要表现形式就是经济实力。从很大程度上来说，国家之间经济实力的对比，又主要表现在各国跨国公司之间的经济实力和未来在国际市场上的竞争力的对比。一个国家拥有的跨国公司的数量和规模，对特定知识和技术的掌握，产品在市场的占有情况，以及公司的治理能力和管理水平，已经成为衡量该国国际竞争力强弱的重要指标。因此，世界各国纷纷摈弃了“不干预市场”的原则，一方面，致力于鼓励和扶持本国企业通过跨国并购，形成跨国企业并进行跨国经营，并以此培育出具有核心竞争力的跨国企业，积极参与当前的国际竞争。另一方面，各国政府尤其是发达国家政府，支持国内企业通过海外技术并购，实现对先进知识和技术制高点的占领并对其他国家的企业形成进入壁垒。20 世纪 90 年代形成的第五次企业并购浪潮，就是政府弱化市场监管、全球私有化加剧的反映，也是世界各国鼓励本国企业参与国际竞争的表现。在此期间，大量企业通过海外并购特别是海外技术并购，实现了自身从国内企业到跨国企业的转变，并对企业发展所需的新知识和新技术实现了拥有和控制。

在 2008 年金融危机之前，进行海外技术并购和技术并购的主体基本上都是发达国家的跨国企业，它们大多数是通过对外直接投资，对目标企业进行技术输出或者资本输出，从而实现对目标企业的控制并获取利润。但是在 2008 年金融危机之后，由于发达国家的跨国企业在遭遇绩效急剧下降、本国市场萎缩之后，自身实力严重下降，其海外技术并购行为随之放缓。与之相对应的是，发展中国家由于金融市场不健全、国家对市场的管控力度相对较大等因素的影响，经济发展相对稳定。在此条件下，大量发展中国家的企业开始通过进行海外技术并购，参与国际竞争并在国际市场中取得了较为重要的地位。随着这种形势的不断发展，海外技术并购和技术并购进一步引起了发展中国家的重视。作为发展中国家中的重要经济体，中国企业的国际化进程在 21 世纪初开始起步，并在 2008 年之后得到迅猛发展，尤其是从 2010 年起，中国企业海外技术并购的数量、规模和金额都在不断创出新高，并由此掀起了一波海外技术并购的浪潮。

党的十八大以后，根据中央提出的供给侧结构性改革和经济结构调整的战略，中国企业海外技术并购的重点从资源寻求型并购转向了知识、技术获取型并购。大量中国企业开始从获取国外的自然资源、拓展国外市场，转向通过海外技术并购，获取目标企业拥有的能为自身发展提供核心竞争力的独特的知识和技术，并以此改变自身的企业特征。一方面，为企业技术创新的实现、市场绩效和创新绩效的提高奠定基础；另一方面，也为国家产业结构调整、过剩产能的转移做出贡献。

然而，一个摆在中国企业面前的现实是，在企业进行海外技术并购的过程中，存在着难以想象的困难和众多的障碍。进行海外技术并购，不仅要考虑企业在金融、资本和操作技术上的难度，而且要考虑并购目标企业东道国市场环境、法律法规、区域文化差异等多方面因素的影响，这些因素和影响使中国企业的海外技术并购遭遇了大量的失败。有学者通过研究指出，中国企业进行的海外技术并购活动，只有1/3取得了成功。另据商务部的统计，中国企业在近年进行的海外技术并购活动中，并购后能够产生盈余或者持平的企业，不足所有海外技术并购企业的1/3。尤其在当前国际经济发展动力不足的情况下，一方面，国际资产价格下行压力不断增强，大宗货物贸易额持续萎缩；另一方面，各国对未来经济走势相对悲观，部分国家贸易保护主义抬头，"中国威胁论"等旨在遏制中国发展的论调甚嚣尘上，使得中国企业海外技术并购的前景开始暗淡。中国企业如何在这场危机中避危趋机，通过海外技术并购取得未来企业发展所需要的独特的知识、技术和管理经验，为自己在未来全球竞争中打下良好的基础，是一个极具现实意义的主题。

在进行海外技术并购中，并购双方的制度差异、文化差异等环境因素的不同，都会对企业的海外技术并购行为产生十分重要的影响，也会对并购交易的财务效应产生影响。因此，中国企业需要根据不同情况，对自身的主体特征进行不断的变换和调整，而这种变换和调整对于并购企业的技术创新、创新绩效和股价变动都会产生重大的影响。这种因为并购企业主体特征变换和调整对企业创新绩效与股价变动产生的影响是否存在着内在的规律、它们之间是利用哪种传导机制实现的，是本研究要讨论和解决的主要问题，也是本研究的主要目的。

1.2.2 研究意义

结合宏观经济周期的影响，从海外技术并购对企业创新绩效和股价变动的影响出发，研究这种影响形成的传导机制，指出上市公司海外技术并购后技术创新对企业长、短期绩效影响以及对经济周期变化的抵消作用，为我国企业获取和整合技术产业链、提高核心竞争力、整合和扩大市场提供现实和理论意义。

（1）现实意义。在人类社会进入工业时代之后，经济实力决定政治地位的法则已经被人们普遍接受，经济实力的取得要受到多方面因素的影响和制约。从宏观角度来看，一个国家的经济实力，取决于其国内企业的效益和跨国企业的数量、规模以及在国际竞争中的地位。因此，为了提高自身的国际地位，大多数国家都在对本国的跨国企业的发展进行扶持和帮助，如制定或调整财政政策和货币政策为企业发展创造机会，甚至采用政府补贴、利用国家资本对市场进行干预和影响等方式为跨国企业的发展保驾护航。而随着现代经济、技术和社会的发展，技术创新对企业产品、市场、效率的影响越来越明显。在企业发展开始越来越依赖于新的知识、技术、产品、经营、市场体系的条件下，世界各国开始不断利用各种方式和手段，为本国的跨国企业获取更多更先进的技术提供各种制度、环境上的帮助。同时，作为技术领先国，它们一方面为本国企业保持技术上的领先提供各种帮助；另一方面又鼓励本国企业通过海外技术并购，获取自身所需要的知识和技术，并在海外市场不断改变生产经营策略以获取高额利润。技术领先的国家还会利用法律法规和各种手段，对后发国家的技术取得设置障碍，以帮助本国企业在国际竞争中不断领先，从而为本国综合实力的增强提供经济和技术支持。从微观上讲，一个企业的生存和发展，主要取决于其具有的核心竞争力，而企业核心竞争力的来源，则是企业所拥有的能够支撑其不断发展的独特的知识和技术。从 20 世纪 90 年代起，面对全球经济、市场、金融一体化的不断发展，全球私有化开始不断增强，政府监管趋于弱化。此时，企业对于自身所需要的知识和技术的获取，也由自身投入资金进行内部自主研发，变为通过向外进行技术并购，获取为自身生产、经营提供支持的新的知识、技术、管理经验和营销渠道，为企业绩效和创新绩效的增加提供支持，使自身在国际竞争中立于不败之地。

在全球企业海外技术并购中，由于各个企业所面对的东道国的制度环境、政策环境、文化环境和并购后整合情况等不一样，这些因素对跨国企业海外经营的影响也各不相同，这种影响会通过企业内部网络，向并购企业进行传导。为了使自身的生产经营活动能够顺利进行，进行海外技术并购的企业往往会根据实际情况，适度地对海外经营企业的主体特征进行调整和转变，而这种转变，又会反过来使并购企业的主体特征发生转变。企业主体特征的改变，对企业海外技术并购的动机、过程、并购后技术整合以及并购后未来更新技术的获取都会产生十分重要的影响，同时，也会对海外技术并购企业的市场绩效和创新绩效产生重大的影响。这些影响又会对企业的主体特征的变化产生反作用。因此，研究海外技术并购企业主体特征对并购企业市场绩效和创新绩效的影响，对于企业进行海外技术并购来说，具有十分重要的现实意义。

随着社会和经济发展以及参与国际竞争的需要，中国企业近年来在海外技术并购中表现抢眼，并迅速完成了从资源寻求型并购向知识、技术获取型并购的转变。作为海外技术并购的后发国，中国企业一方面顺应全球经济发展和全球竞争趋势，并响应政府的号召，在海外技术并购中积极进行知识、技术获取型并购；另一方面也利用在海外技术并购中取得的先进的知识和技术，结合自身的投入和研发，形成具有自身特色的、为自身发展提供核心竞争力的新知识和新技术，从而推动了自身经营绩效和创新绩效的实现与提高。

但是，也必须看到，中国企业的海外技术并购，能够取得成功的只是一小部分。这是由于绝大多数进行海外技术并购的中国企业对东道国各种环境因素不了解、不适应，面对困难不灵活、不求变造成的。面对这一现实问题，中国企业在海外技术并购中，必须根据东道国的制度、法律、文化等，积极主动地利用并购企业的主体特征中的有利因素，并根据实际环境，对自身的主体特征进行合理的改变，从而使中国企业的海外技术并购行为获取成功，为并购企业的市场绩效和创新绩效的提高奠定基础。

提高企业的技术创新能力，是提高企业核心竞争力和内在价值的关键所在，研究海外技术并购对企业股价的影响，有助于对我国企业海外技术并购中遇到的难题进行分析和解决，从而寻找出能最大限度地提高企业海外技术并购后企业内在价值的因素。由于我国企业在海外技术并购中面对不同国家的各种环境因素，因此通过设置或改变企业的主体特征，改变海外经营的方式和政策，可以为企业海外技术并购的成功提供实践指导意义。

（2）理论意义。在过去的几十年间，随着企业海外技术并购的不断发展，在海外技术并购的动机、过程、并购后整合以及对企业绩效的影响方面，学者们都进行了深入的研究，并取得了丰硕的研究成果。可以说，对企业海外技术并购的研究，几十年来一直处于一个方兴未艾的状态。

随着现代信息科技的发展，全球经济、市场和国际竞争一体化的进一步加剧，技术创新在企业发展中的地位越来越重要，企业对技术的获取方式开始由内部研发向外部采购转变。在此背景下，越来越多的企业海外技术并购开始从资源寻求型海外技术并购转向知识、技术获取型海外技术并购。而对海外技术并购的研究，开始成为学者们的重点。这一时期，学者们对海外技术并购的研究，主要集中在技术并购的动机、方式、实现途径、技术并购与企业技术战略的转变和实现以及并购后技术整合等方面，并取得了大量的研究成果。

同时，一些学者也对海外技术并购对企业价值的实现的影响进行了广泛而深入的研究，部分学者根据企业实行海外技术并购后的财务数据的变化，逆推出了企业在进行海外技术并购时所依据的动机、对企业海外技术并购绩效进行评价的方法等，为企业海外技术并购理论做出了重要的补充。

但是，企业海外技术并购毕竟是一个十分复杂而且受到多种因素综合影响的活动，并购过程中的任何一个因素，都有可能导致并购行为的失败，而这些因素，很多都是由并购中主并企业的主体特征带来的。由于学者们以前研究的重点大部分依据并购动机—并购途径—并购整合体系，他们的研究成果也都是按照这一体系取得的。所以，对于影响海外技术并购企业创新绩效和股价变动的主并企业主体特征因素，很少有人关注。

因此，从海外技术并购企业的主体特征入手，对海外技术并购行为与企业创新绩效和股价变动的关系进行研究，并对造成这种影响的传导机制进行探索，不但能够为企业进行海外技术并购做出理论指导，还能对企业的海外技术并购理论、技术创新理论等研究体系的进一步丰富和发展做出贡献。

1.3 研究思路与本书结构

1.3.1 研究思路

本研究的研究思路为：确定研究主题—基础文献回顾与评述—概念界定与理论基础探索—实证分析—结论与对策建议。

（1）确定研究主题。从当前中国企业积极进行海外技术并购这一现实基础出发，对中国企业的海外技术并购活动和技术创新进行充分的认识与深入的分析，指出中国企业海外技术并购对企业自身的创新性资源、创新绩效、价值创造能力和股价变动产生进一步的影响。在此基础上确定本研究的研究主题，并提出相应的预计需要解决的问题。

（2）基础文献回顾与评述。通过查阅、整理与本研究相关的国内外的研究文献，对国内外顶级期刊、其他并购和海外技术并购以及跨国企业海外经营的最新研究成果进行系统的梳理和分析，对与本研究相关的发展历程和现状进行全面与深入的认识，并依据本研究预计需要解决的问题对前人的成果进行筛选和归类，为后面的研究做好准备。

（3）概念界定与理论基础探索。在对前人研究成果的整理和学习中，针对本研究预计需要解决的问题，对相应的概念进行界定，并根据本研究的逻辑思路，对相应概念在本研究中的含义进行归纳，以便在研究过程中对相关概念和名词的含义有一个明确的认定。同时，在前人研究的基础上，对于企业主体特征对海外技术并购的影响进行了研究，这也是本研究的重点和理论创新部分。对海外技术并购的功能价值分析，分为三个部分进行。

第一部分，首先就主体特征对企业海外技术并购后价值创造能力的影响进行了分析，指出海外技术并购受企业的知识基础、技术规模、财务资源、企业文化、治理结构、管理效率和制度结构等主体特征影响，能对企业产生积极、显著的效果，使企业的技术创新能力、产品创新能力、管理创新能力和制度创新能力得到提升并使企业的价值创造能力得到增强。其次从对企业股价的影响因素入手，指出海外技术并购是在影响企业价值创造能力的基础上，对企业股价产生影响的。企业股价的变化实际上是企业盈利能力和价值创造能力在股票市场的反映，影响企业价值创造能力的因素既有企业自身的主体特征，也有企业的创新绩效。

第二部分，海外技术并购对企业股价影响的机理分析。在海外技术并购功能价值分析的基础上，对海外技术并购对股价的影响因素和实现机制进行了研究。首先，本研究对影响企业股价的因素进行了总体分析，并指出海外技术并购在诸多影响企业股价的因素中所起到的作用已经越来越大。其次，本研究对影响企业股价的市场因素与海外技术并购活动进行了分析，发现影响企业股价变化的市场因素也越来越受企业海外技术并购的影响。最后，本研究通过对于海外技术并购对企业股价影响中最主要的因素即内部因素进行分析，指出影响企业股价变化最关键的因素是企业自身的价值创造能力，即企业的内在价值。同时，本研究也对影响企业价值创造能力的部分因素进行了分析，认为，影响海外技术并购企业价值创造能力的因素，一是海外技术并购企业的主体特征，这是目前理论界几乎没有人进行过的研究，它主要通过并购企业自身具备的一些特征对海外技术并购是否能够取得预期的效果产生影响，从而影响企业的价值创造能力和股价；二是海外技术并购企业的创新绩效，这方面理论界虽然有少数人进行研究，但是仍然没有形成统一的认识，创新绩效对海外技术并购企业价值创造能力和股价的影响，是通过改变企业的成本、收入和生产运营的效率反映的。

第三部分，主体特征对企业海外技术并购对股价影响的作用分析。对主体特征影响下海外技术并购持续提高企业价值，减少海外技术并购企业的股价波动并增强其稳定性进行了分析。本研究指出，海外技术并购企业的股价变动，实际上是由企业价值创造能力的变动决定，并通过海外技术并购企业的各种途径进行传导的，这也是影响海外技术并购企业股价的内部因素和基本因素。对海外技术并购如何提高企业的股价进行研究，也就是对海外技术并购与企业价值创造的传导机制进行研究。在本研究中，主要提出了通过信息和技术整合、并购集成和协同作用、产品创新和技术创新等途径实现企业价值创造能力的提高，从而使海外技术并购企业的股价波动幅度得以减小，稳定性得以增强。

（4）实证分析。对于实证数理模型部分的研究，本研究选取了2007年以来我国进行海外技术并购的近200家上市企业作为样本，考察了这些企业的主体特征对海外技术并购后企业股价变动和创新绩效影响，以及企业高管团队特征对并购后创新绩效的影响。数理模型实证分为两个部分进行：

第一部分，以并购后短期股票价格变化为研究对象，考察主并企业特征对其产生的影响。首先采用非参数检验的方法对主并公司并购前后股票价格是否存在显著性差异进行分析；其次通过构建并购主体特征的影响因子，验证其与股价变动的影响，并进一步就市场行情在其中所发挥的调节作用进行检验。通过这一研究，从理论上阐明了企业发生并购后，股价是否存在显著波动，以及企业主体特征和市场行情对股价波动的潜在影响。

第二部分，以企业并购前后的创新绩效变化为研究对象，通过对样本企业进行海外技术并购活动后的研发投入和取得的专利、新技术等创新业绩进行分析，对海外技术并购中并购企业的主体特征与创新绩效之间的关系进行了实证研究。进一步探索了高管团队特征对创新绩效的影响。总体来说，通过这些研究，可以解决本研究中企业海外技术并购中并购企业的主体特征和高管团队特征对创新绩效的影响这一主要问题。

（5）结论与对策建议。针对企业在海外技术并购中存在问题的现状和原因，将本研究的成果与当前的实际情况相结合，对存在的问题进行合理的分析，为中国企业海外技术并购提供合理的意见和建议。

1.3.2 本书结构

本书的结构主要是：

第 1 章是绪论。从近年来很多国家和企业所关注的海外技术并购以及其中存在的问题这一现实背景入手，股价变化与企业价值创造能力变化之间存在着相互对立和统一的关系。同时，根据我国企业海外技术并购成功率低、盈利能力不强的特点，提出本研究的目的和意义。并根据本研究的思路和技术路线，选取理论与实证相结合的研究方法，提出了本研究的主题并指出了可能的创新之处。

第 2 章是文献综述。对国内外学者关于企业海外技术并购动机、企业海外技术并购对企业绩效和股价变动的影响、海外技术并购对创新绩效的影响以及海外技术并购中并购企业主体特征对企业创新绩效和股价变动的影响等的研究成果进行了梳理，并从前人研究的成果对本研究的借鉴意义的角度，对现有的研究成果进行了分析和整理。

第 3 章是概念界定与理论分析。首先，从对企业股价的影响因素入手，指出海外技术并购是在影响企业价值创造能力的基础上，对企业股价产生影响的。企业股价的变化实际上是企业盈利能力和价值创造能力在股票市场上的反映，影响企业价值创造能力的因素既有企业自身的主体特征，也有企业的创新绩效。其次，分析了主体特征对企业海外技术并购的影响，指出海外技术并购及整合受企业的知识基础、技术规模、财务资源、企业文化、治理结构、管理效率和制度结构等主体特征的影响，从而使企业的技术创新能力、产品创新能力、管理创新能力和制度创新能力得到提升并使企业的价值创造能力得到增强。最后，主体特征对企业海外技术并购后股价的作用途径进行了研究。指出海外技术并购影响企业股价，是通过持续提高企业价值，减少海外技术并购企业的股价波动并增强其稳定性实现的。指出海外技术并购企业的股价变动，实际上是由企业价值创造能力变动决定，并通过海外技术并购企业的各种途径进行传导的，这也是影响海外技术并购企业股价的内部因素和基本因素。对海外技术并购如何提高企业的股价进行研究，也就是对海外技术并购与企业价值创造的传导机制进行研究。在本研究中，主要提出了通过信息和技术整合、并购集成和协同作用、产品创新和技术创新等途径实现企业价值创造能力的提高，从而使海外技术并购企业的股价波动幅度得以减小，稳定性得以增强。

第 4 章到第 8 章是实证分析部分。第 4 章通过参数检验和非参数检验的方法对并购前后主并企业三个维度的绩效变化进行了分析，分别是并购前后的财务绩效差异化分析、创新绩效差异化分析和股价差异化分析。

第 5 章对海外技术并购中并购企业的主体特征对企业股价的影响进行

了分析。通过对文献的梳理，本研究发现影响海外技术并购企业股价变化的主体特征大部分是与多维度的指标所对应的，通过对这些多维度的指标数据进行标准化处理，本研究选择用处理后的四个因子来代表海外技术并购企业的变量信息，在聚焦问题的同时，避免了变量之间较强相关关系带来的多重共线性问题。在此基础上，基于对本研究提取的变量和股价变动的判断和假设，本章对海外技术并购企业主体特征与股价变动的关系（剔除了市场行情对股价变动的影响）进行了实证分析，结果表明，在企业进行海外技术并购之后，其股价变动与企业主体特征有着紧密的关系，即使企业的股价在表面上与证券市场的系统性因素有一定关系，但这种系统性因素并不妨碍本研究对假设的验证和这种验证结果的科学性。

第 6 章分析选取了 2007 年以来我国进行海外技术并购的近 200 家上市企业作为样本，考察了这些企业的主体特征对海外技术并购后创新绩效的影响，并对这些影响进行了测度和核算。从海外技术并购的动机出发，通过对样本企业进行海外技术并购后的研发投入和取得的专利、新技术等创新绩效进行分析，对海外技术并购中并购企业的主体特征与企业绩效之间的关系进行了实证分析。总体来说，通过这些分析，可以解决本研究中企业海外技术并购中并购企业的主体特征对企业创新绩效的影响这一主要问题。

第 7 章是企业高管特征与创新绩效的关系研究。研究内容主要是高管团队的异质性特征对并购后创新绩效的影响，并分析了公司治理在高管团队异质性与创新绩效之间关系的调节作用。

第 8 章是高管海外背景与创新绩效的关系研究。从两个维度来衡量高管海外背景，分别是高管海外工作背景和高管海外学习背景，检验了这两个特征变量对于企业并购后创新绩效的影响。

第 9 章是结论与展望，总结了主要研究结论并提出了未来的可能研究方向。

1.4 研究方法与技术路线

1.4.1 研究方法

本研究采用的研究方法主要包括文献研究、质性研究和实证研究。文献整理和评述是论文开展的基础，通过文献数量和归纳能够清晰地把握当前在海外技术并购领域的研究现状以及可能的研究问题，因此本书对有关海外技术并购动机、并购绩效和并购影响因素的重要文献进行了全面的梳理，从中提炼出了突出的研究问题。质性研究主要是通过对相关理论和文献的总结，提出实证分析章节的前期研究假设，从定性的角度对本研究关注的变量之间的关系进行理论分析和假设主张，在此基础上对其展开进一步的实证检验。实证研究是图书内容的主要技术方法，通过构建经济模型、计量模型进行统计描述和统计推断，从而明确变量之间的因果关系，验证研究假设。

在实证分析中，根据数据收集方式的不同可以分为不同类型的实证分析。利用已有的统计数据进行分析。该类研究数据的来源包括：①研究报告，一些经济、管理和社会组织等发表的各种研究报告，其中含有大量的数据可供研究者进行二次分析和加工。②官方统计资料，包括全国性的人口普查、工业普查，国家统计部门、地方政府和专业机构、企事业单位编制供社会大众应用的年鉴、报告、报表等。③专业的信息调查机构建立的各种类型的专业数据库等，这些数据库资料标准化程度高，纵向和横向数据都比较丰富且分类详尽，是学术研究的主要数据来源。④通过其他形式记录下来的数据资料，比如证券交易所的交易信息、网络上各种各样的信息等。基于这种信息的统计分析也被称为二手信息研究。利用现有的统计数据进行研究的最大优点就是数据收集方便并且往往有足够的样本可供选择，所谓的大数据分析一般都是基于这种来源的数据。同时这种数据也存在一些缺点，比如在统计分析前对这种数据的筛选和预处理往往会比较费时费力。本研究的数据来源是上述第三种类型，即通过专业数据库收集获取，并进行大量的甄选和预处理。

在对数据进行分析的过程中，所采用的具体分析技术包括：①通过基于正态分布假设前提的相关样本 t 检验和放宽分布形态的非参数检验，从精确性和稳健性两种视角对并购前后，主并企业的财务绩效、创效绩效和市场绩效方面的差异进行显著性检验；②采用标准样本数据标准化方法对数据进行预处理；③采用因子分析的方法对彼此相关的指标变量进行降维处理，获取并购企业典型的几个特征因子；④采用多元回归分析的技术对主并企业特征因素与并购后股东波动变化、创新绩效变化的关系进行推断。

1.4.2 技术路线

本研究的技术路线：①在对国际、国内背景进行分析的基础上，对国内外相关的文献进行收集、梳理和分析，找出经济、社会发展变化造成的以前学者在研究中基本没有涉及的研究区域，并对这些区域中的研究空白进行归纳分析，从而发现可能的研究空间和对这种研究空间的切入点。在此基础上，利用相关的理论和假设，对本研究的理论框架进行构建，并提出相关的研究问题。②通过对相关目标变量进行对比分析，在确定研究的思路和研究的逻辑基本正确之后，对影响目标变量的相关因素及其之间的关系进行探讨，为下一步的研究打下基础。③利用建模分析，通过对样本中反映目标变量变化及其影响因素之间关系的数据进行实证验证，找出影响目标变量变化的因素，并对这些影响因素之间的关系进行相关的分析。④在理论分析和实证分析的基础上，利用分析的相关结果，提出相关的研究结论。

第 2 章

文献综述

Chapter 2

2.1　我国企业跨国并购特征

西方发达国家的海外技术并购从半个世纪前就已经开始，并逐步发展完善，而我国企业的海外技术并购则无论从交易的规模、支付的方式，还是从并购的经验、管理能力来看，都还处于初级起步阶段，并且具有以下显著特点。

（1）从并购类型角度分析，我国企业海外技术并购多是企业间的水平并购。水平并购又称横向并购，与此相对的是纵向并购，具体是指发生在生产或销售相似或者相同产品行业间的并购，从行业划分上看，多发生于技术、生产工艺、产品及其销售渠道相同或者相似的行业。通过对我国海外技术并购行业的划分可以看出，大多数企业并购时都是选择与自身产品相同或近似的企业，这样的水平并购成为我国企业扩大产能和销售量的自然选择。如TCL并购法国汤姆逊的彩电业务、联想收购的个人计算机业务、吉利收购沃尔沃汽车公司都是旨在扩大企业现有的规模而进行的横向并购。

（2）从并购主体角度分析，我国企业海外技术并购主体大部分集中于私营企业中的高科技企业。私营企业中的高科技企业是中国企业海外技术并购的一大主体，高科技私营企业所处行业具有如产品周期短、研发成本高、市场竞争激烈等特点，决定了它们不能局限于国内市场，必须以并购的方式获得战略技术资源，因此对于我国的大型高科技民营企业而言，积极参与国际市场的跨国并购才是它们的生存之道。其中做得比较好的企业有联想、新浪和盛大等。

（3）从并购目标对象角度分析，我国企业海外技术并购的对象多为欧美发达国家的企业，我国的非资源型并购多集中于欧美地区。在以往发生的海外技术并购中都是以发达国家企业并购发展中国家企业为主，因此我们认为是发达国家企业实力比较强，发生并购的可能性较大。现在中国企业通过并购美国、欧洲、日本和韩国等主要发达国家和地区的企业来获取先进技术资源，原因是中国企业缺乏技术资源和品牌资源，通过并购发达国家的企业可以加强自己的核心技术、获得靠自身短期积累无法取得的品牌资源。典型的并购案例有：我国上海电气公司收购日本秋山印刷公司，从而获得了印刷机械方面的国际领先技术“双面打印机技术”。

（4）从并购目的角度分析，我国企业海外技术并购的主要目的多是获得资源、资产、品牌、市场和技术。由于这些资源大多被发达国家企业所掌握，且国际性战略、品牌和高端技术等资源在我国相对贫乏，我国企业通过并购来获取这些资源成为主流。类似于中石油这样的大型资源类企业的海外技术并购，无论是并购的交易次数还是交易规模都非常突出。而如新浪、盛大等私营企业的并购则更关注对目标企业技术的获取，它们基本上占据了中国企业海外技术并购的半壁江山。这两类并购的企业主体体现了我国企业海外技术并购的目的和动机。我国企业海外技术并购具有明显的产业分布特征，即多数跨国并购案例集中于资源密集型产业和技术密集型产业。

2.2 企业海外技术并购动机研究回顾

2.2.1 国外学者对企业海外技术并购动机的研究回顾

对海外技术并购的动机的研究，国外学者进行得比较早，研究的也比较全面和深入。关于海外技术并购动机的研究，在唐纳德·M. 德帕姆菲利斯（Donald M. DePamphilis）的专著《收购、兼并和重组——过程、工具、案例与解决方案》和罗伯特·F. 布鲁纳（Robert F. Bruner）的专著《应用兼并与收购》中概括得非常详尽。他们认为企业进行海外技术并购，是有很多原因支配的，促进企业进行海外技术并购的各种因素都会在海外技术并购活动进行的不同阶段或者面临不同问题时，起到不同的作用，并且这种重要性会随着时间和环境条件的变化而变化。总体来说，企业发生海外技术并购的动因主要有以下几种。

（1）实现协同效应，节约成本，提高效益。协同效应是企业在进行海外技术并购后能产生增量现金流所实现的价值。也就是说，如果两个企业的价值之和大于它们并购后的市场价值，那么它们由于并购的发生，就实现了潜在的协同效应。一般来说，协同效应又分为经营协同效应和财务协同效应。

经营协同效应。传统上所说的规模经济性和范围经济性构成了经营协同效应的理论体系，它们是影响股东财富创造过程的决定因素。这两种因素不但会影响企业效率上的收益，还会促进企业经营管理水平的提高。

财务协同效应。指企业发生的海外技术并购行为，在推动效率和经营管理水平提高的同时，降低了企业的资金成本。在被并购企业的现金流不相关的条件下，合并后的企业可以通过以较低的成本发行证券，并通过降低这些证券的交易成本，实现成本节约，达到降低企业资金成本的目的，或者由此实现投资机会和内生资本之间更为合理的搭配。Furfine 和 Rosen（2011）通过研究，提出通过海外技术并购行为，可能提高企业的违约风险（和资金成本），特别是在海外技术并购发生之前，尤其是股票表现差劲和主要管理者拥有大量期权补偿的企业，更是如此。

在对海外技术并购动机的研究中，协同效应动机也得到了实证研究的证实。Seth、Song 和 Pettit（2000）对美国 1981—1990 年的国际并购案例进行了分析研究，发现企业进行海外技术并购时，协同效应动机占了压倒性的优势。此外，Goergen 和 Renneboog（2004）对 1993—2000 年欧洲的 69 个海外技术并购样本进行了研究，证明了在海外技术并购中，主并企业和目标方存在着明显的正相关关系，因此，他们对协同效应理论持支持态度。

此外，通过对海外技术并购中双方企业的表现进行研究，我们也得到了实证方面的证据。对于被收购的公司而言，它们在进行创新活动时，往往比国内竞争对手具有更大的优势（哈尔茨，2002）。通过海外技术并购，被合并的企业可以通过规模经济，实现规模效应（Ghauri & Buckley，2003）。对于主并企业来说，并购的主要动机是通过海外技术并购，加强企业自身的市场动力（Kamien & Zang，1990）以及实现企业在效率方面的收益，这种收益有可能来源于并购双方实体之间的技术转让（Roller，Stennek & Verboven，2001），也可能来源于技术的革新产生的高效率（Jovanovic & Rousseau，2008），或者是能使自身与目标企业的资产实现互补利用（Jovannovic & Braguinsky，2004）。Stiebale 和 Trax（2011）通过对英国和法国的 2000—2007 年海外技术并购案例进行研究，将匹配技术和双重差分估量技术进行了融合，证实了海外技术并购的主并企业在其国内市场上的销售和投资会在不造成国内劳动力缩减的前提下，得到有效的提高。

（2）通过多元化经营，降低成本，分散风险。多元化经营指的是企业通过并购超出目前自身业务范围的企业，增加自己产品大类和品种，或者进行跨行业生产、销售产品，提供服务的做法。企业通过多元化经营，可以降低资金成本，或者可以让自身的核心产品分布区域或者目标市场发生转移，使其进入有更高成长性的区域，从而创造出财务协同效应，企业生产的产品或者进入的新领域可以与其现有的产品或者市场有相关性，也可以没有。

相当多的学者通过研究证明，非相关多元化会比非多元化并购的财务回报要低，也就是说，由于投资者认为经非相关多元化并购形成的综合性企业会面临更大的风险，这类企业会出现多元化折价的现象。但是也有很多学者通过自己的研究，认为这种多元化折价的幅度并没有那么大(Diltz & Hyland，2002;Simi & Campa，2002)，还有一部分人认为这种多元化折价只是抽样上偏差的表现（Wolf，Lemmon & Graham，2002）

如果不同国家中企业的经济活动不是完全相关的话，经营活动的地域多元化就能够起到降低风险的作用。对于现代证券投资理论来说，这是对它的进一步的引申。在这个问题上，Adler 和 Dumas （1995）以具有国际多元化动机的海外技术并购企业为样本进行了研究，他们认为，在全球资本市场还没有被完全整合的时候，企业通过海外技术并购，进行国际多元化生产和经营是非常有效的。虽然在同一个国家范围内，企业股票回报率的相关性很高，但是发生了海外技术并购之后，企业的股票回报率在不同国家的相关性有可能很小，甚至会出现负相关的情况。Rouwenhorst（1999）通过对日本和美国1970—1998年股指收益率的平均相关系数进行研究，也证实了这一点。

另一种对于国际多元化的研究主要是通过股票投资国际分散化和股东收益情况进行的，Madura 和 Whyte （1990）认为，现实资产和金融资产由于自身属性不同，当国际多元化发生时，这种因不同属性带来的多元化的收益是相当明显的，这主要是由于不同的实物资产能实现不同程度的分散化，与国外的金融资产相比，这种分散化能够提供更大的潜在的收益。Mikhail 和 Shawky （1979）以及 Errunza 和 Senbet （1981）发现，国际化能够为企业带来更高的超额利润率。Doukas 和 Travlos （1988）指出，对于企业进入新的国外市场的行为，投资者的反应是积极而且显著的，这对于公司股票在市场上的表现来说，极为重要。

还有一些企业在选择海外技术并购时，主要考虑的是通过不同行业分散风险，还是利用各国资本市场发展的不平衡性来分散风险。Marber

（1998）对巴尔·罗森佰格联合公司（Barr Rosenberg Associates）和国际金融公司（International Finance Corporation，IFC）关于国际并购在不同的国家、行业和特定企业之间进行选择时，对于国际股票回报率的影响进行了研究，他认为在进行海外技术并购时，国家选择和行业选择十分重要。但是，这种观点在当时没有被大多数研究者所接受。

随着对企业多元化并购动机研究的不断深入，学者们的观点也越来越集中。地理多元化、行业多元化和产品多元化被明确地提出（Ghauri & Buckley，2003）。海外技术并购的多元化动机包括，各国在产品生产成本方面的差异造成的整体成本变化动机（Stiebale & Trax，2001）和企业通过海外技术并购，分阶段降低或者扩散风险（Calipha et al.，2010；Ghosh Ray，2014）。

同时，企业也会为了避免缴纳关税或者长距离运输造成的成本上涨而进行海外技术并购。Nocke 和 Yeaple（2007）基于企业的这种动机建立了一个理论模型，并直接推动了 Head 和 Ries（2008）的并购模式的建立。Lee（2017）建立了一个涉及出口、不发达地区外商直接投资、技术获取型海外技术并购、市场寻求型海外技术并购以及异质型企业海外技术并购的均衡模型，该模型认为，当以技术获取为动机的海外技术并购发生的时候，较发达国家的企业更有可能对不发达国家的企业进行海外技术并购，但是，当海外技术并购的企业是基于市场寻求为动机的时候，这种情况是相反的。

（3）整合无形资产，进行知识转移和技术获取。一个企业能够不断创造出价值，在于其拥有的核心竞争力，而其核心竞争力主要来源于它所拥有的无形资产和知识资源（Leonard，1998；Nonaka，1994）。企业如果拥有高于平均水平的知识资源，就可以拥有相对特殊、不可替代的优势（Almor，Tarba & Benjamini，2009；Junni & Sarala，2011，2012；Ranft，2006），因此，对于不断追逐超额利润的企业来说，它们会以自己拥有的重要的无形资产（如公司的品牌、商誉、专利、管理技术、企业文化等）为基础，努力扩展其适用范围，并防止其他企业使用或者模仿自己拥有的无形资产。也就是说，企业通过海外技术并购，能够获取外国公司的无形资产，在国内使用获利并通过对其他企业形成进入壁垒而改变市场的结构。Eun 等（1996）发现，国外投资者通过并购获取目标企业的技术和管理经验，并获取利益。Blonigen 和 Taylor（2000）的研究表明，企业的产品研发支出和它们的并购行为之间呈现出较高的正相关关系，企业可以通过海外技术并购，用所得到的技术来代替原有较为落后的技术。Danzon、Epstein 和 Nicholson（2004）通过对制药企业进行产业组织研究，发现大多数制药企业进行海外技术并购的动机是寻求药品的专利。Lee（2017）利用受技术驱动的并购模型，对大量的海外技术并购企业进行了研究，结果证明，技术获取是企业进行海外技术并购的最为主要的原因之一。

随着公司产权理论得到进一步的发展，知识转移和无形资产获取成了企业进行海外技术并购的主要目的。在研究初期，rossman 和 Hart（1986）以及 Hart 和 Moore（1990）认为，公司应该积极寻求与其互补的技术和其他无形资产在共同所有权下进行组合。Rhodes-Kropf 和 Robinson（2008）将这种观点进一步延伸，形成了合并理论。随后 Hoberg 和 Phillips（2010）在研究中证实了通过海外技术并购，可以实现公司之间的资产互补，并促进相关公司之间产生新的产品和技术。随着研究的深入，研究人员发现，对于主并企业和跨国并购目标而言，知识转移和技术获取对于企业价值的创造至关重要（Birkinshaw，Bresman & Ha Kanson，2002；Sarala，Junni，Cooper & Tarba，2014）。根据 Ranft 和 Lord（2002）的研究，知识转移、技术获取和知识型资源利用的过程，实际上就是企业在海外技术并购中实现协同效应的过程（Junni，2011）。

从国家层面看，很多学者认为国家在知识产权的保护和转移过程中具有关键的影响，这主要体现在国家知识产权制度和投资政策的制定方面

（Smith，1999；Connolly，2003；Helpman，2006）。因为在国家监管体系中，知识产权制度对企业进行海外技术并购，是一个非常重要的因素（Fink & Maskus 2005）。此外，国家的经济发展水平（Helpman，1993）也会对海外技术并购产生不同的影响，比如 GDP 和市场规模（Brakman et al.，2010）。

从理论上讲，投资政策与包括采取海外技术并购在内的外国直接投资之间并没有很明显的关系，但是，在获取经过许可与仿制的技术之间，国家知识产权制度的干预，反而会对投资政策产生影响，进而激励企业进行海外技术并购（Yang & Maskus，2001）。

从经验上看，中外学者从知识产权制度和投资政策角度对企业海外技术并购的影响的研究并不充分。Foley、Fisman 和 Branstetter（2006）以美国跨国公司为例，研究了知识产权制度的改革对发达国家企业海外技术并购的影响，发现经济发展水平相对较高的国家，相对完善的知识产权制度反而增加了以技术转让和非常驻专利获取为目的的海外技术并购。Ahammad 等（2018）发现，目标经济体对于知识产权保护的力度越大，目标企业的研发能力越强，新兴市场中的企业进行部分而非全面海外技术并购的可能性就越大。

相反，其他作者发现，知识产权制度与外国直接投资之间存在着负相关或不显著相关性。Seyoum（1996）认为知识产权制度与外国直接投资之间没有重大的关系。Fink（2005）调查了知识产权制度对美国和德国企业进行海外技术并购时的影响，他认为这些因素除了对个别行业有影响之外，对于绝大多数的海外技术并购，没有什么影响。Nicholson（2007）研究了知识产权制度对不同行业海外技术并购活动的影响，他的发现也证明了这一点。

（4）利用并购双方资本市场和外汇市场之间的环境差异，改变海外技术并购的成本。随着金融全球化的发展，利用金融工具为海外技术并购企业创造价值已经被越来越多的研究者所关注（Cuevas，Messmacher & Werner，2005）。通过对美国跨国公司进行并购交易的研究，Feliciano 和 Lipesey（2002）发现发达国家企业海外技术并购行为的发生，与并购双方股票的价格以及债券的价格之间具有很强的正相关关系。同样，即使是发达国家的企业，一旦公司的价值被证明是受到低估的，外国公司也会把它们列为并购的目标（Gonzalez，Vasconcellos & Kish，1998）。Di Giovanni（2005）结合全球金融市场发展，对企业的海外技术并购进行了研究，指出，汇率的变动会使被并购公司的价值（和并购价格）发生变动。Blonigen（1997）、Brakman 等（2010）都证实了在海外直接投资发生的时候，汇率的变动与海外技术并购行为之间存在着很强的相关性。

（5）规避税收管理辖区障碍，降低税收费用。市场的全球化和贸易、经济的一体化（Cuevas，Messmacher & Werner，2005；Hyun & Kim，2010）一方面为海外技术并购企业带来了直接投资的机会，另一方面也在如何规避不同国家的税收政策、降低并购费用方面面临着比较大的挑战。Fred（1998）以美国企业为目标进行了研究，发现企业更倾向于通过规避辖区障碍，降低税收费用。Ahmed Riahi-Belkaoui（2004）在研究企业海外技术并购时发现，企业在进行海外技术并购时实行的税收筹划方案与企业所在国家和地区的税收法律法规之间，存在着较为明显的相关性。Li（2016）通过对四种不同交易模式下的企业海外技术并购税收筹划方案进行研究，发现海外技术并购企业往往会倾向于选择股权并购的方式进行海外技术并购。

（6）其他动机。关于企业进行海外技术并购动机的研究，学者们还有很多方面的研究。如以 GDP 和市场规模为研究对象的经济规模假说（Brakman et al.，2010）、以地理位置和交通成本为研究目标的交易成本假说（Brakman et al.，2010），Kyeong Hun Lee、David C. Mauer Emma 和 Qianying Xu（2017）还从人力资本和海外技术并购是否具有相关性角度进行了研究，以及近年来研究比较集中的文化差异假说，合并与发展中跨文化差异的探索并购已经产生了不一致和令人困惑的调查结果（Gomes, Angwin, Weber & Tarba, 2013; Gomes, Weber, Brown & Tarba, 2011; Teerikangas & Very, 2006; Weber, Tarba, 2012; Weber, Tarba & Reichel, 2009, 2011）等。

2.2.2 国内学者对企业海外技术并购动机的研究回顾

对于企业海外技术并购理论，国内学者的研究重点大部分集中在企业的海外技术并购动机和对海外技术并购造成影响的因素等方面。

崔保军（2004）总结了国外学者对企业进行海外技术并购动机研究的成果，在对规模经济理论、交易费用理论、范围经济理论和分散风险理论进行分析的基础上，通过对市场势力理论、企业优势共享理论、价值低估理论和经理主义理论进行进一步分析和概括，解释了企业进行并购的综合动机。与之相关的是，梁国勇（1997）在考察了海外技术并购中主并企业和目标企业之间竞争优势转移的现象后发现，企业进行海外技术并购实际上就是企业为了在更大区域的市场中取得竞争优势而进行的联合行为，他指出，企业这种联合会带来垄断的可能。在此基础上，何新宇、陈宏民（2000）在对寡头垄断企业并购进行了研究之后指出，在寡头垄断条件下，企业之间的技术差距对并购动机会产生重要的影响，他们进一步指出，影响企业并购动机的一个重要的因素，是并购双方之间的技术差距。

对于企业参与海外技术并购的内部原因，杨万里（2002）从企业的内在原因入手，分析了参与双方的并购动机。此外，杜海平（2003），通过对外资并购国内公司之后市场占有率的变动，指出非国有上市公司主要是基于可以取得长期绩效而选择进行企业并购的。余光、唐国兴（2000）对企业海外技术并购的动因和企业海外技术并购博弈进行了建模分析，指出海外技术并购后形成的企业在新产品的生产和定价等方面具有先行优势，在利用并购盈余分配模型进行分析后，他们发现这一由并购产生的竞争优势，完全可以弥补企业海外技术并购中产生的负效应。贾红睿等（2000）发现产品差异在关于厂商剩余需求函数的构成中，起着决定性的作用，同时，产品差异还可以使企业在长期内形成进入壁垒，使企业的市场力变动更大，这也是促进企业进行并购的一个主要的内在动力。吴健中、汤澄（1997）通过生产函数对企业横向并购的行为进行了分析，对企业横向并购的规模和效益评估中存在的问题进行了探讨，在此基础上，他们认为企业的海外技术并购行为是受并购的规模和效益评估的结果所驱动的。

对于企业参与海外技术并购的外部原因，陈宏民和 Anming Zhang（1994）利用双头模型，对开放经济体中不同国家相同行业的企业并购进行了分析，他们发现，并购虽然会导致国内市场上的消费者剩余减少，但由于并购可以有效地降低企业的边际成本，使企业的规模效益递增，可以促进社会总体福利不断增加，这也是国家鼓励企业进行并购的一个主要原因。黄建宏（2008）通过对跨国并购中我国制造业的行业安全性进行考察，指出政府通过支持海外技术并购，改变企业的生产、经营机制，组成具有资金和规模优势的超大型企业，形成对企业和社会发展有利的保障体制。

在对于企业进行海外技术并购动机的实证研究方面，国内的学者大部分是从企业盈利能力、经营管理能力等财务指标入手，通过构建不同的模型，对企业并购前后的绩效和各项指标进行分析，以此作为衡量企业是否具有并购的动机。朱宝宪、王怡凯（2002）比较了 1998 年 65 起企业并购案例，他们根据并购前后企业财务指标的变化情况，利用会计的方法，选择了以企业难以进行长期盈余管理的净资产收益率（ROE）和主营业务资产收益率（CROA）为主要考察指标。将所有的样本进行整理归类分析，以并购发生前两年和并购发生后三年的财务数据为基础，对并购的效应、收益进行了较为系统的分析，并以此为基础，讨论了在国有企业和私营企业作为主并企业的并购中，有偿转让的并购方式和无偿划拨的并购方式产生的不同效应和带来的不同结果。他们认为“绩效较差的公司较愿出让控股权；多数并购是战略性的，获取上市地位是主要的并购动力；并购后主业得到明显加强；市场化的战略性并购效果较好，有偿并购的效果也较好”。

张心丹等（2003）首次利用稳定性指标，选择了在1998年发生海外技术并购行为的103家上市公司作为样本，并利用数据包络分析方法（DEA）对企业发生海外技术并购前后的绩效以及相关稳定性指标进行计算和分析，证实了企业的海外技术并购活动不但使上市公司在经营管理方面的效率得到了提高，而且使企业的效率在海外技术并购后的几年之内，继续保持了稳步提高的趋势。同时，他们证实，通过资产置换和资产剥离等方式进行的并购活动，其效率并不高，而提升其效率的出路在于遵循市场化的规律进行运作。宋建波、沈皓（2007）选取2002年度沪深两市发生海外并购行为的138上市公司作为研究样本，把2001—2004年度作为研究的时间跨度，采用会计学角度的研究方法构建多元回归模型，根据自大理论假设、自由现金流量假设、多元化倾向假设、高管持股（所有者、经营者一体化）假设、国有资本持股假设、委托—代理假设和控制权假设等理论假设，对管理者代理动机和海外技术并购目的、并购绩效的影响进行了深入的研究，研究结果表明，企业管理层的能力以及国有资本的持股比例与企业的并购绩效呈现出正相关的关系，在企业管理层能力较强的情况下，企业更容易进行多元化的扩张，其实施海外技术并购的动机更为强烈，而由于样本公司的海外技术并购绩效在并购当年有一定的下降，但是在接下来的几年内会持续上升，企业管理层的并购意愿会更加强烈。同时，由于政府主导海外技术并购意愿时会降低并购成本，国有资本持股比例较高的企业进行海外技术并购的动机更强，而且并购绩效相对较好。

对于海外技术并购是否会影响公司的股价变动，陈信元和张田余

（1999）选取中国 A 股上市公司发生的 405 起海外技术并购案例进行了研究，他们发现由于会计数据被操作这种可能性的存在，以及相关会计准则存在漏洞的现实，发生海外技术并购的公司的累计超额收益率会产生上升的趋势，但是这并不能解释企业为实现公司公允价值增大而主动进行并购。在此基础上，陈信元、张田余（1999）认为，如果市场是有效的，公司的价值就能够通过其股价充分反映出来，所以就公司股价变动和发生海外技术并购后企业自身的价值变动来说，两者是有直接关联的，也就是说，发生海外技术并购前后股价的变动，能反映出海外技术并购行为对公司价值的影响。在传统意义上，企业采用的历史成本原则和实现原则在一定程度上是有很大的局限性的，也就是说，在这些局限性之下，企业的会计数据存在被操纵的可能，而且，由于相关的会计准则并不完善，企业并购资产的公允价值也无法被准确界定，同样，企业并购前后利润的确定以及会计基准日的界定都存在一定困难（陈信元、原红旗，1998）。

2.2.3　海外技术并购动机研究评论

国内外学者关于企业海外技术并购动机的研究，主要集中在是什么原因促使企业进行海外技术并购和影响企业进行海外技术并购，这些学者的研究基本上都从各自的角度对企业海外技术并购的动机进行了较为全面和深入的分析，并为企业进行海外技术并购提供了不同的理论依据。但是，随着社会、经济的发展，技术的变革对企业、经济发展的影响越来越大，尤其是随着互联网经济不断发展，经济全球化、市场全球化、贸易全球化、技术全球化成为未来发展的主要趋势，企业进行海外技术并购的规模也越来越大，它们所面临的问题也越来越多。在这种条件下，对企业海外的很多研究成果已经不能够适应或者解决当前企业进行并购时所面临的问题。因此，我们需要在前人研究的基础上，根据现代经济的特点，寻找一些新的理论，并以此为基本的指导思想，去解释和指导企业进行海外技术并购。

（1）海外技术并购与信息安全。随着互联网经济的发展，高科技领域越来越成为支撑全球经济发展和财富聚集的主要发源地，而高科技企业的海外技术并购步伐也在不断地加大。与此相对应的是，由于技术的进步，信息安全问题成为各个国家关注的重点问题。如何在推动海外技术并购的同时，降低由此造成的公民信息安全和国家信息安全风险，成为企业进行海外技术并购时所面临的新问题。

（2）海外技术并购与国家产业发展和产业安全。随着资本、金融一体化的形成，全球化已经成为各个国家领先企业的主要战略，由此带来的全球垄断不可避免地开始显现。虽然各个国家都采取了相应的反垄断措施，但是全球化战略下的企业海外技术并购，会不可避免地使被并购企业所在国家的经济发展受到影响。尤其是对于新兴市场国家，如何避免本国的产业和经济被外国公司控制，如何保护本土企业、品牌的发展，成为这些国家在吸收外国直接投资的时候所重视的问题。

（3）海外技术并购对社会效益的影响。当前，对企业进行海外技术并购的研究，主要集中在海外技术并购给企业带来的收益的影响因素和如何增加企业收益规模等方面，但是，对企业海外技术并购的东道国来说，由海外技术并购带来的竞争加剧、市场局部垄断等因素造成的商品价格变化、金融市场波动、贫富差距扩大以及由此形成社会不稳定等问题，也越来越需要更多的学者进行关注。

（4）海外技术并购对社会福利的影响。技术转移、劳动力要素价格差异已经成为当前企业进行海外技术并购的主要原因，但是这也是导致全球财富流动、主并企业所在国产业结构失衡的主要原因之一，在这个前提下，海外技术并购双方所在国家的基础设施建设、税收收入等都要受到影响，从而使它们的社会福利发生重大的变化。如何看待、适应、改变这种变化，也成为未来学者们进行研究的一个问题。

2.3　海外技术并购对财务绩效影响的文献回顾

现有研究对跨国并购后的绩效评价大致分为两种：案例研究和财务指标研究。案例研究主要是指针对我国某个企业的海外技术并购事件，从案例角度说明对并购绩效的影响。在对联想并购案例的研究中，我国学者王海（2007）在联想并购前后的绩效的变化中发现，博弈过程中联想明显处于劣势。对此，学者王燕锋（2007）以TCL的国际并购为例进一步说明了我国国际并购绩效不容乐观。这种研究方法仅针对个案进行研究，研究的普适性较差。大多数关于跨国并购的绩效研究多是以并购后企业的经营绩效，即财务指标变动来表示，通常包括主并企业并购后1~3年的偿债能力、管理能力、市场占有率等。麦肯锡公司曾在研究跨国并购的基础上提出了并购成功的两条准则：并购企业绩效衡量主要看资本收益率是否超过了主并企业的资本成本率，被并购企业的绩效衡量主要看被并购公司股权收益率与资产收益率是否改善。King（2004）从财务和金融视角系统分析了主并企业的并购绩效，通过公司的总资产收益率（ROA）、ROE和销售利润率（ROS）来反映企业并购后的经营绩效。学者吴秀珍（2017）在上市公司海外技术并购研究中，将财务表现情况，即企业的变现能力、资产管理能力、偿债能力、盈利能力和市场价值综合观测，作为企业并购后的财务绩效。

国内外学者对海外技术并购绩效的研究，主要集中在并购能否创造价值、并购能够为谁创造价值和并购如何创造价值这三个核心问题上。虽然对于研究者来说，针对这几个问题的研究以及结论在不同时期有比较大的差异（韩世坤，2002），但是可以确定的是，企业海外技术并购绩效理论与企业海外技术并购的价值创造理论之间有着十分重要的联系（魏成龙、周士元，2013）。也就是说，企业海外技术并购价值创造理论是企业海外技术并购绩效理论的核心。

对企业海外技术并购绩效的研究比较深入的是施普林格科学和商业媒体（Springer Science & Commercial Media，2016），其为加深对未来中国企业进行海外技术并购的认识进行了高质量的海外技术并购研究，发现自 20 世纪 70 年代以来，并购和海外技术并购形成的战略联盟在企业和经济发展中形成重大收益，即海外技术并购绩效引起了涵盖管理学、金融学、经济学、社会学和会计学等多个学科的巨大变革，并且促进学科间的高质量发展（Geisst，2004；Haleblian et al.，2009；Hitt，Dacin，Levitas，Arregle，Borza，2000；Lebedev et al.，2015；Young，Ahlstrom，Bruton et al.，2011）。Hitt、Ahlstrom、Dacin（2004）凭借对常规企业并购研究的扎实理论基础和严谨的研究方法，有效地将中国企业海外技术并购与中国国情融入研究中，进而加深对中国企业海外技术并购和价值创造的认识，从而深化对中国以及其他新兴国家企业的战略、管理、组织形式以及其他特点的认识，对这些关键经济体的经济发展起了巨大的作用（He，Eden，Hitt，2015；Jain，Nair，Ahlstrom，2015）。

对海外技术并购绩效的研究结果显示，海外技术并购活动中的主并企业股东是否能够获得收益，目前还没有一个确定的结论（Cpmpa，Hernando，2004）。在获取并购后企业的管理经验等方面，对主并企业的影响是喜忧参半的（Haleblian，2009）。与他们的研究结果比较相似的是布鲁纳（2002）在其著作《应用兼并与收购》中，详细梳理了海外技术并购活动的主并企业收益的研究文献，并指出，对于海外企业并购买卖双方财富的联合效应来说，海外技术并购绩效的效应是正的还是负的，目前的理论界尚存在争论。

2.3.1 海外技术并购财务绩效的正效应

对于企业海外技术并购的研究，是从对企业的纯国内并购研究的基础上发展起来的，虽然这一研究的起步较晚，但是 Shimizu 等（2004）的研究结果显示，企业进行海外技术并购的效果要比其进行国内并购好。他们认为，企业的海外技术并购行为为其提供了多元化、协同创新等综合性的收益，因此，海外技术并购行为也为主并企业创造了价值，为其股东带来了财富的增加。Benou、Gleason 和 Madura（2008）以 2007 年发生海外技术并购的中国高科技公司为样本进行了研究，他们发现在有行业特色的海外技术并购企业中，在做好充分的市场宣传、获得了足够的投资机构认可和资金投入的条件下，它们的海外技术并购往往能够获得良好的绩效和收益。

对于海外技术并购的价值创造来说，Haleblian 等（2009）的综述对企业战略目标的确定，如市场的占有和效率的变化等进行了研究。Andrade、Mitchell、Stafford（2000）之后指出，随着经济全球化和贸易一体化的发展，市场的竞争方式和技术进步也发生了巨大的变化，以技术获取为目的的海外技术并购对企业的价值创造具有明显的推动作用。

从文化差异对企业海外技术并购绩效影响的角度来看，Bauer、Matzler、Wolf（2016）指出，文化差异对于企业进行海外技术并购的绩效影响的实证证据虽然是不明朗的，但是，通过对分布在欧洲德语语系地区创新驱动的企业海外技术并购的研究，他们发现虽然文化差异使人员的融合遇到很大的困难，但是任务整合，也就是转移和分享资源的能力大大提升了，从而有利于企业创新的产出。他们的研究表明，在以创新为导向的企业海外技术并购中，文化相似性更为有利。

Leepsa、Mishra（2016）针对 20 世纪 70 年代以来的海外技术并购回报情况做了系统的研究，他们总结的结果显示：在 1975—1978 年，采用投标报价方式主并企业的资本回报率从 14.7%提高到了 19.6%。1981—1983 年的类似措施显示企业的资本回报率发生了下降的现象（Herman，Lowenstein，1998），但是参与海外技术并购的企业在并购活动完成之后，这种现象得到了改善。而且除了采用利益集中法的公司之外，海外技术并购后公司的盈利能力有了显著增强（Ravenscraft，Scherer，1989），主并企业的股东在海外技术并购后的流动性得到了增强（Pawaskar，2001），也就是说，并购发生后企业绩效得到了显著的改善。Carline 等（2004）发现，主并企业、目标企业和并购后的企业在并购活动发生前绩效表现不好的，在并购活动发生后的五年中，其绩效表现往往要比相同条件下没有发生并购活动的企业绩效表现好得多。

Rahman 和 Limack（2004）从长期经营现金流绩效方面入手，对海外技术并购企业的绩效进行了分析，他们发现海外技术并购企业的绩效会因为销售回报（每产生一美元销售收入所带来的现金流）和资产周转率（每一美元资产带来的销售收入）的增加而增加，也就是说，海外技术并购行为会带来长期经营现金流绩效的改善。而且，在并购活动发生后的几年里，企业的平均净营运成本、投资净回报、流动比率、速动比率、绩效以及企业的净利润都会有相应的增长（Vanitha & Selvam，2007）。

关于企业海外技术并购的绩效问题，国内外学者也利用财务指标法进行了一系列深入的研究，并形成了相关的研究成果。原红旗、吴星宇（1997）是较早运用财务指标法对企业海外技术并购绩效进行研究的学者，他们主要通过对公司在海外技术并购前后四个会计指标进行比较，找出对不同指标进行优化的方法，从而得出了海外技术并购行为能为主并企业带来相应收益的结论。谭向球（1998）对前者的研究进行了求证和进一步的阐述，并得到了相同的结论。陈新元和张田余（1999）通过利用 1997 年中国上市公司并购的数据进行实证研究，对公司并购的绩效问题进行了深入的分析，他们发现公司在海外技术并购后，虽然主并企业的累计超额收益率会出现一定程度的上升，但是对于合并后的企业来说，市场并没有出现不利的反应。万朝龄等（2000）也以市场对海外技术并购行为的反应为切入点进行了研究，他们的结论是市场对企业海外技术并购事件存在强烈的反应，但这些反应都是提前出现的，是对企业并购的市场消化行为，而对其他形式的超额收益来说，反应则不明显。廖理和朱正芹（2003）对2001年发生海外技术并购企业的情况进行了考察，重点研究了海外技术并购发生前后主并企业的绩效指标变化，他们的研究结果表明，在海外技术并购之后，企业的盈利能力明显增强，股东权益逐年增加。从财务指标法的研究结果来看，虽然国内外学者由于研究的企业样本和窗口期不同，得到的结论也各不相同，但是他们的研究结果显示，对于海外技术并购企业来说，有的企业通过海外技术并购，股东的财富得到了增长，有的企业海外技术并购活动却使股东的财富遭受了损失，这一研究结果为中国企业海外技术并购提供了启示，即企业要从并购动机出发，有目标、有计划地执行海外技术并购行为，避免盲目扩张和跟风并购的行为。

部分学者从海外技术并购是否能为公司股东带来收益的角度进行了研究，Langetieg（1978）的研究结果表明，海外技术并购活动发生后，主并企业的股东财富不仅没有得到明显的增加，反而出现了下降的趋势。但是，Bradley、Desai 和 Kim（1988）对 Langetieg 的结论进行了进一步的研究和验证，他们选取更多的样本，并在检验样本时采用了更为科学的方法，结果显示，没有发现样本企业的并购绩效出现下降。李善民和陈玉罡（2003）发现，海外技术并购活动对目标企业的股东财富来说，没有变化，但是能够为主并企业的股东财富带来增长。张新（2003）的研究结论与前者却是相反的，他认为海外技术并购活动对目标企业的股价带来的溢价收益是巨大的，但是对于主并企业来说这种现象并不明显，甚至有的主并企业股价会出现折价的情况。随着中国企业的海外技术并购活动日趋增多，国内外学术界对中国企业海外技术并购绩效的研究不断升温，他们通过案例研究法、事件研究法、会计指标法等方法，利用中国企业的公开数据进行了理论和实证研究，研究的结论大部分都证明了企业进行海外技术并购与其绩效的增长存在着正效应。

2.3.2 海外技术并购财务绩效的负效应

在海外技术并购对企业价值创造和股价变化的影响方面，国内外学者的研究开展得比较晚，研究结果的不确定性也更大。Ben-David、Drake、Roulstone（2015）；Fu、Lin、Officer（2013）；Gu、Lev（2011）；Khan、Kogan、Serafeim（2012）；Savor、Lu（2009）在对海外技术并购中高价股票对企业海外技术并购绩效的混合影响进行了较为全面的分析，他们的研究结果表明，股票定价过高的企业往往因为并购数量更大，需要因为溢价而付出更大的代价，从而导致它们海外技术并购的绩效为负，也就是说，以股票支付为手段进行海外技术并购时，往往会对企业的价值创造能力带来破坏性的作用。

Muehlfeld、Sahib 和 VanWitteloostuijn（2012）对 1981—2008 年报纸行业的并购案例进行了分析，结果表明，在进行海外技术并购时，企业并购的完成和绩效的变化可能受到企业所在国环境差异、因对海外技术并购成功或失败的经验总结而实行的并购政策等影响，从而使企业海外技术并购的绩效受到影响。

从 Fama 等（1969）开始，国外学者开始利用成熟的数理基础，通过证券市场的反应，对海外技术主并企业绩效进行评价，也就是对并购绩效进行研究的事件研究法。20 世纪 90 年代以来，越来越多的学者开始对传统意义上的海外技术并购导致的股票事件研究方法进行修正，并以此对海外技术并购企业绩效的评价做出修正，并提出了对海外技术并购绩效进行检验的八因素方法，从而使单纯利用市场模型对并购绩效进行中长期检验的格局被打破。之后，Agrawal 等（1992），Barber 和 Lyon（1997），Kothari 和 Warner（1997），Brav（2000）等不断改进了对海外技术并购企业中长期绩效检验的方法，并使检验结果的可靠性大幅提高。

部分学者利用会计指标法对海外技术并购绩效进行了对比研究之后发

现，有大量证据证明股东必须面对海外技术并购之后，并购绩效出现恶化这一令人失望的现实。他们的研究结果指出，企业进行海外技术并购之后，它们的绩效在一定时期内会出现急剧下降甚至是恶化的局面，而且由于市场竞争和技术进步的影响，并购绩效会进一步恶化且很难改进（Parrinoand，Harris，2001；Ghsh，2001；Sharmaandho，2001；Bruner，2004）。在使用ROE作为主要研究依据进行比较之后，Bruner（2004）发现主并企业的净资产回报率在并购结束后的年份里呈现不断下降的趋势。这些企业在没有其他影响经营活动绩效的情况下，投标报价活动比公司利润低3.1%（scherer，1987）。主并企业在海外技术并购活动发生期间会获得与控股企业相同的控制权。因此，企业的海外技术并购是零净现值（NPV）活动（Hesy，1992）。并购之后在ROE方面，主并企业会比目标企业的净资产回报率低2%左右（Dickerson等，1997）。由于参与海外技术并购活动的企业利润较低，企业在股票回报率、资产回报率和销售收益率等方面会受到负面的影响（Daga，2007）。另外，Kar和Soni（2008）指出，在并购之后，虽然企业营业额会增长，造成企业的经营绩效规模扩大，市场占有份额提高，但是，在利用性能评价等措施对海外技术并购活动进行评估时，发现海外技术并购活动在混合结果时的绩效是下降的。

在利用事件研究法对海外技术并购的绩效进行研究时，Magenheim和Mueller（1988）发现，在海外技术并购活动发生之后的2年期间，主并企业股东的财富效应呈现下降的趋势。Franks、Harris和Harris（1991）研究发现，海外技术并购目标企业的股东通过股票溢价获得的平均收益达到了25%，但是主并企业股东的财富溢价却是-16.76%。与此相对应的是，Jarrell和Poulsen（1989）在设定海外技术并购目标企业股东能够获得20%股票溢价收益的情况下，主并企业的收益下降了1.1%。刘志杰（2015）对2008—2010年中国发生海外技术并购的20家企业进行了分析，它综合选取了18项财务指标，这些指标包含了反映上市企业成长性、资产安全性、市场收益能力、资产运营效率和企业盈利能力等 5 个大类，通过研究发现，发生海外技术并购的企业，股东的财富效应不但没有出现整体的提高，相反，大部分企业股东的财富出现了明显的下降。

Aybar 和 Ficici（2009）对 1991—2004 年发生在新兴市场国家的企业海外并购行为进行了研究。他们的研究结果显示：对于大部分新兴市场国家的企业海外技术并购行为，市场对它们的评价都是不成功的，而且并购行为对主并企业市场价值的影响都是负面的和消极的，通过更进一步的研究发现，目标企业的规模以及并购多元化程度，与并购行为带来的市场绩效呈反比关系。阎大颖（2009）分析了中国企业海外技术并购活动发生前后三年的财务指标，发现由于存在对东道国的管理制度不适应的现象，中国企业海外技术并购后的绩效因此会受到较大程度的负影响。

2.4 海外技术并购对创新绩效影响的文献回顾

对企业海外技术并购创新绩效的研究，主要源自对企业海外技术并购动机的分析。实现规模效应、协同发展、多元化经营等目标是早期企业进行海外技术并购的主要动机。但是，随着国际经济和市场一体化的发展，想要在激烈的全球市场中生存和发展，以创新能力为代表的企业核心技术的提高成了企业最为关注的问题。一般来说，企业的核心技术主要包括企业对产品和技术的研发能力、品牌商誉、组织架构、管理经验和渠道网络等战略资产的运用和发展。这些核心技术，构成了企业海外技术并购的创新绩效。

2.4.1 获取海外技术并购创新绩效的流行战略

早期的企业国际化理论主要集中在研究企业如何将自己特定的资产、技术等用于国外市场，以达到特定的目的（Rugman，2005）。跨国公司的交易成本内部化理论是这种资产利用型外国直接投资的理论基础（Buckley，Casson，1976；Hennart，1982），在 20 世纪七八十年代，这一理论在跨国公司海外技术并购理论中居于主要地位。按照交易成本内部化理论，企业进行海外生产和开展国际贸易在制度安排上是相互替代的。在标准化和非特质的交易对象上，当使用合同的成本较低的时候，企业会回避海外生产的方式，而采用国际贸易来利用所在国的知识、技术和产品，反之，当交易对象因为市场不完善而受到影响时，企业会选择外国直接投资方式，将自己独特的知识、技术利用内部化的方式进行使用而不利用国际贸易的方法。在这种情况下，通过内部化的方式使用特殊资产导致一些企业通过频繁的海外技术并购行为，发展成为跨国公司（Hennart，1982；Rugman，1981）。

然而，随着对资产寻求型对外直接投资研究的不断发展，学术界对企业海外技术并购动机的理解不断发生变化。Dunning（2006）认为，在吸引外国直接投资的区域因素中，国家和地区的因素在国际竞争力中的作用越来越重要，这些表明了企业对于目标企业所在国创造性资产的获取动机在不断增强。资产寻求型动机说明企业将海外技术并购作为取得支持企业进一步发展的战略性资产、增强企业核心竞争力的手段。由资产利用型海外技术并购过渡到资产寻求型海外技术并购，使得学者们把研究的重点转移到了资源基础观和知识基础观方面。

企业的资源基础观的核心在于认为独特的资源和能力是企业维持可持续发展和竞争优势的关键来源（Barney，1991）。企业的知识基础观的核心观点则认为企业所拥有的知识，尤其是已经融入企业文化的隐性知识才是支撑企业存续和发展的最为重要的战略资源，企业获取、整合、吸收、改进和应用这些隐性知识的能力是支撑企业可持续发展和保持竞争优势的重点所在（Grant，1996）。而这种倾向以获取知识、技术、组织、网络为动机的海外技术并购，越来越被企业采用的同时，也在不断地被后来的学者研究。

2.4.2 对海外技术并购创新绩效的文献回顾

随着全球经济的发展和技术的进步，在许多行业，企业的创新越来越快，产品开发和技术更新的成本和复杂性不断增加。为了在飞速发展的时代中跟上步伐，提高自身的创新绩效，企业纷纷通过知识、技术获取型海外技术并购来完成，这种知识、技术获取型海外技术并购已经成为近年来中国企业进行对外直接投资的主要形式。然而，知识、技术获取型海外技术并购与传统的自然资源获取型海外技术并购不同，短期内它对海外技术并购企业的效果并不明显，显现的时间比较长，而且过程十分复杂。因此，对此类企业海外技术并购绩效的研究历程也比较曲折。

对于知识技术获取型海外技术并购是否能够提升企业的创新绩效，以及提升企业创新绩效的方法和途径，学术界的分歧仍然比较大。Cohen、Levin（1989），RO、Ller 等（2001）的研究表明，在规模经济条件下，由于在海外技术并购后消除了重复的研发工作或者减少了技术升级的投入，企业的效率变得更高。并且在绩效增长的鼓励下，企业会投入更多的资源，通过并购来实现这种知识的转移，从而实现企业持续的创新能力。虽然大部分学者都把研究的焦点集中在海外技术并购对技术产出的积极影响上，但是有一些证据表明对主并企业的技术投入具有负面的影响（Hitt et al.，1996）。在企业债务水平很高时，为并购融资而使负债增加可以为这一负面影响做出解释，因为海外并购活动的机会成本和并购后研发活动增加，可能导致资金需求增加，这些可以使企业具有更强的规避风险的能力。

许多学者认为，创新绩效的加速导致的技术的加速和对面临的新局面的解决方案的需求，是企业通过海外技术并购的方式获取外部资源和能力的主要动力（Hagedoorn，2002；King et al.，2008）。拥有特定技术的目标企业可以为主并企业提供组织学习多样化知识的机会（Makri，2010）。海外技术并购行为可以使企业更快速地获得自身发展所需要的高水平的专业知识、产品研发技能、企业的组织架构、经验丰富的员工和更为完备的市场网络以及特定的新技术，从而在不断发展变化的竞争环境中具备更强的应对各种挑战的能力（Bower，2001）。因此，将海外技术并购作为战略选择，以获取新的知识和能力已经成为现代企业制度下企业的一种普遍现象，也成为衡量企业是否具有更大发展潜力的标准之一（Uhlebruck et al.，2006）。然而，部分学者在利用实证方法对海外技术并购对创新绩效的影响进行研究时，却得出了相反的结论。Karim 和 Mitchell（2000）发现，在主并企业和目标企业的差异化资源被融合的过程中，企业的创新绩效呈现正的效应。相比之下，Hitt 等（1991，1996）的研究发现，海外技术并购对企业的创新绩效具有负效应。他们认为海外技术并购后企业大量占用了管理者的时间和精力，使他们在新产品和技术研发方面的长期投资行为受到忽略，从而导致企业创新绩效下降。这些相互矛盾的结论，一方面，使学术界关于知识、技术获取型海外技术并购是否真正促进企业的创新绩效的分歧长期得不到解决；另一方面，以知识寻求和技术获取为目的的海外技术并购仍然在实践中成了推动企业快速成长的流行战略（McEvily et al.，2004；Kale & Puranam，2004）。

这些相互矛盾的观点引起了学者们的注意，一些研究者开始试图解释这些问题，他们中的大多数将研究的重点放在了海外技术并购企业在并购后的整合问题。研究发现，对于知识、技术获取型海外技术并购来说，在取得目标企业的技术和知识之后，对这些知识和技术的整合过程，对于企业的创新绩效十分重要，因为整合过程可以促进所获得的技术与企业结合，也可以阻碍这种结合（Birkinshaw，1999；Graebner，2004；Puranam 等，2006）。造成这种现象的原因是企业在整合新的知识和技术的同时，新的整合机制为了促进主并企业和被并购企业之间的知识、技术的转移，会建立新的组织、管理架构，削弱被并购企业的自主权，从而出现被并购企业原有的组织架构和管理流程被打破的局面（Ranft，Lord，2002）。一些学者对并购后整合的多种后果进行了分析，他们指出，合理的整合机制和整合战略可以对并购后企业之间的知识流动和技术转移起到促进的作用，同时良好的整合可以减轻被并购企业因为失去部分自治权而遭到的破坏（Graebner，2004；Schweizer，2005）。

尽管学术界对知识、技术获取型和创新绩效之间关系的讨论十分活跃，但是大多数学者并没有把这个问题与企业海外技术并购结合起来研究。在企业海外技术并购方面，大部分的研究仍然集中于探讨海外技术并购是否为股东创造了价值（Brock，Yaffe，2008；顾露露，Reed，2011）。对于企业如何通过知识、技术获取型的海外技术并购提升创新绩效这一问题，至今仍然缺乏具有说服力的成果（Garbe，Richter，2009；Bobillo et al.，2010）。

2.4.3 中国企业海外技术并购创新绩效的文献回顾

在我国企业海外技术并购历程中不难发现，我国企业进行跨国并购多数是以获取海外先进技术为主要目的的，但是对于并购后的主并企业而言，对创新绩效产生的效应也不尽相同。尽管当前跨国并购如火如荼，但是主并企业大多像TCL一样并未如愿以偿将对方的技术资源转化为自身的创新绩效。与传统并购相比，跨国并购涉及的企业处在不同的文化制度环境中，因此并购后创新绩效的影响因素就更为复杂。在关于跨国并购绩效的研究中，学者们从公司吸收能力、企业财务实力和并购特征等角度，研究其制约因素。

就吸收能力而言，企业的吸收能力是实施技术并购后将外部技术资源消化并转化为自身技术的一系列惯例和流程，Zahra和George（2002）指出吸收能力作为企业的一类动态能力，与企业知识获取、积累、转移和开发相关。因此吸收能力越强，技术并购后对创新绩效的影响就越大。Daghfous（2004）认为吸收能力可以提升组织学习能力，增加研发活动，促进企业提升创新能力。Mdelcarmen 等（2007）分析了吸收能力、技术获取策略和企业绩效之间的关系，通过实证研究得出企业的获取能力可以提升技术、知识存量，消化和转化能力与知识学习水平存在关联。赵增耀和王喜（2007）通过实证分析，发现吸收能力是提升企业学习水平、利用外部知识水平提高自主创新能力的重要途径。学者郝清民和任欢欢（2015）通实证研究证明吸收能力在并购后前期对企业的技术创新绩效有明显正向影响，时间越长影响越弱。学者胡雪峰（2015）则认为吸收能力在企业技术并购提升创新绩效的过程中起到正向调剂作用。总而言之，吸收能力对创新绩效的影响不容忽视。

在理论上，资源基础理论也对此进行了理论解释，由于主并企业自身拥有优势的信息资源，能够有效整合被并企业资源并将其内部化，最终实现绩效提升。由于技术资源整合的复杂性，整合过程需要丰富的管理经验、充足的财务资源以及企业管理层的支持作为支撑（赵云娜，2017）。一般而言，提及增强创新能力时就离不开企业的研发活动，而在企业的研发投资活动中，充足资金的支撑又是起决定性作用的。企业主要依靠内源性和外源性资金进行创新研发，内源性资金是创新活动的保证和源泉。1984 年提出的啄食顺序理论认为，在信息不对称和交易成本的前提下，内源性融资优于外源性融资。其实，创新活动对于企业来说是存在一定风险的，由于外源性渠道成本太高，企业的研发活动资金的来源更多依赖内源性融资。企业的内源资金通常来自企业的未分配利润。胥朝阳等（2009）的实证研究发现公司可利用资源中每股净利润越高，越有利于后期的并购及整合，进而有利于技术进入型并购的绩效提升。

在并购匹配方面，Markides 和 Ittner（1994）研究发现国际经验、业务相关性等因素会影响企业的收益。有学者研究表明，文化差异对跨国并购绩效有着显著性影响（Aybar & Ficici，2009），且文化差异和制度约束是影响企业国际化成本的重要因素（Boateng & Glaister，2003）。并购双方的技术相性、技术知识基础、并购经验等企业特征对企业的创新绩效具有重要影响。

当前，全球经济和市场一体化不断加速，中国企业作为后来者，要想在当前激烈竞争的环境下生存，快速提高自己的创新能力是重中之重。创新能力包括新思想、新技术、新系统、新产品等的开发和利用。中国企业要想在全球化的环境中不断进步，首先需要改变对知识和技术获取的方式，其中，知识、技术获取型海外技术并购就是突破当前面临的路径依赖，实现技术赶超的重要途径。

中国企业知识、技术获取型海外技术并购的一个非常明显的特点就是进行逆向知识转移。逆向知识转移通常指的是创新能力较弱的一方对创新能力较强的一方实施并购，这与传统跨国公司海外技术并购理论中先进的知识和技术是由主并企业向目标企业转移的情况正好相反，也与知识管理理论中并购双方之间进行知识和技术共享的现象存在明显的不同。近年来，一些学者通过对这种知识转移的方法进行研究，认为逆向知识转移也是企业创新的一个重要源泉，并且也能帮助企业建立竞争优势（Frost，Zhou，2005；Eden，2009）。不少学者认为，逆向知识转移在使企业更好地协调全球战略资源、加快新产品开发、提高技术和服务等方面，发挥了重要的作用（Ambos et al.，2006）。同时，在进行逆向知识转移过程中，主并企业作为知识、技术转移的发起者和组织者，可以根据实际情况，将从目标企业获得的知识和技术有针对性地转移到组织的不同部分，这种转移活动不仅提高了知识、技术的使用效率，还能使主并企业更为严密地控制目标企业，并为后续的知识、技术整合打下基础（Rabbilsi，2011）。

一些学者采用案例分析法对中国企业进行海外技术并购的创新绩效进行了研究。Mathews（2006）认为，中国企业在海外技术并购中，其动机已经逐渐从资产利用型、资产寻求型转移到了知识技术获取型，而且已经具备了明显的创新特征，如快速地进行国际化、通过组织变革而不是技术变革推动国际化速度等，以使自己在国际市场的竞争中占据优势地位。Li（2007）在针对企业海外技术并购案例进行分析的基础上，通过对OLI（Ownership-Location-Internalization）和LLL（Linkage-Leverage-learning）模型进行整合，提出了企业通过海外技术并购建立跨国公司这一演变的内容和过程的框架。Tung（2007）则从跳板视角解释了中国企业通过海外技术并购获取战略资源和降低目标企业所在国的制度约束、市场约束的行为，他的研究认为中国企业的海外技术并购可以通过逆向知识转移，实现在创新方面的跳跃式提高。

2.4.4 企业海外技术并购创新绩效的影响因素

（1）目标特征。海外技术并购是涉及主并企业和目标企业之间的二元关系。最近的研究发现，一些具有显著特征的企业在不同程度上会成为海外技术并购浪潮中潜在的被并购对象。对海外技术并购中主并企业进行的研究表明，类似于技术型创新公司等具有特殊知识和技术的企业，成为跨国公司或其追求高效额下游企业并购目标的可能性越大，及其高效的下游企业（Reisinger & Tarantino，2015），另外，环境能力低于目标企业的企业（Berchicci，Dowell & King，2012），属于被剥离资产但是仍具有较特殊能力的企业（Laamanen，Brauer & Junna，2014）以及市场估值相对低于真实价值的企业和市场估值较低的企业（Edmans，Goldstein & Jiang，2012），在海外技术并购行为中，都是吸引主并企业注意的目标。在知识、技术获取型海外技术并购中，主并企业更倾向于并购后能保留更多员工的目标企业（youngge Tong & Fleming，2015）以及拥有独特的知识和技术的目标企业（Phene，Tallman & Almeida，2012）。对于目标企业规模的问题，相比之下，主并企业更倾向于并购中型企业（Vijh & Yang，2013）。Harford、Humphery-Jenner和Powell（2012）从管理者的目标选择角度进行了研究，他们发现强势管理者主导的企业海外技术并购行为，低协同效应的目标企业往往是其首选。

（2）主并企业和目标企业之间的二元关系。无论理论研究的结果有多完善，在实际中，主并企业与目标企业之间存在的信息不对称现象，都是主并企业试图通过协同效应确定适合并购目标的一个障碍（Hitt et al.，2001）。由于这种信息不对称现象的存在，主并企业对并购目标企业的能力不能做出有效的评估，从而导致并购发生后主并企业价值的损失和创新绩效的下降（Chae，Jung & Yang，2014）。

学者们对2006年以来以中国为代表的新兴国家在海外技术并购中的逆向选择特征进行了研究，他们发现逆向选择除了因为地域、空间的距离而加剧之外，还受到了技术并购中获得特殊资源和能力的潜力的影响（Chakrabarti & Mitchell，2013）。最近的研究集中在主并企业如何通过信息多元化、可靠的线索和渠道来抵消信息不对称的影响，从而准确地确定具有潜在协同能力的并购目标（Sleptsov，Anand & Vasudeva，2013；Vijh & Yang，2013）。

主并企业也可以通过银行、机构投资者、社会关系等获得更多与并购目标相关的信息。学者们发现，信誉高的银行和机构投资者支持潜在的并购目标，潜在并购目标的主要合作伙伴可以为主并企业提供潜在并购目标的相关信息，从而减少信息不对称对海外技术并购以及创新绩效的影响（Ragozzino & Reuer，2011，2012；Reuer，Tong & Wu，2012）。此外，在知识、技术获取型海外技术并购中，主并企业更倾向于并购那些与自己形成资产互补的目标企业（Bena & Li，2014）以及与自己的技术具有相似性联系的目标企业（Bena & Li，2014；Phene et al.，2012）。

（3）环境因素。环境因素对企业海外技术并购创新绩效的影响，主要体现在并购双方国家制度、政策行为、法律法规等对并购后企业创新绩效的影响。但是，2009年之后对海外技术并购创新绩效的研究发现，随着国际化的进一步深入，大多数国家关于企业并购的法律法规越来越完善，在规则适用的前提下，对主并企业的股东权益的法律保护比对目标企业更强，从而增加了主并企业对目标企业的资产进行重组和利用的能力，而目标企业所在国家对员工权利进行保护的相关政策，一方面会对主并企业重组目标资产和重新对目标资源进行部署带来压力，但也会为企业创新绩效的长久发展提供具有管理经验、认知能力和熟练技术的人员。这些会对越来越多海外技术并购后的创新绩效产生影响（Zhu，Xia & Makino，2015）。

（4）并购过程。学者在解释海外技术并购绩效和创新绩效的影响因素时，对海外技术并购过程的研究，以前很少涉及。并购过程指的是在海外技术并购中，企业完成并购活动的整个过程，包括竞争投标、关键合同项目的审定和并购模式的选择以及为保证并购顺利进行而做出的其他努力等。有限的研究结果表明，并购过程中包含的因素对包括并购完成的情况、并购溢价和并购绩效以及创新绩效实现程度在内的各种并购结果都会产生重要的影响。基于此，近年来，一部分学者开始将海外技术并购过程作为影响企业海外技术并购绩效和创新绩效的因素进行研究。

首先，学者们探讨的是企业在海外技术并购中的竞标问题。他们考察了竞标中胜出的投资者的情况，并对投标人特征具有的特殊的信号作用和组成竞标联盟的偶然效应进行了研究，Burkart、Gromb、Mueller和Panunzi（2014）发现，利用法律对投资者进行保护，投资者的外部融资能力能够得到提高，在这种情形下，财富的规模会直接影响投标竞争的结果，而这一结果往往会对效率的提高起到负的效应，从而影响海外技术并购绩效和创新绩效。Marquez和Singh（2013）对两家或多家企业联合竞标的情况进行了研究，他们认为，在投标人数量被限定且规模较大的时候，对目标企业进行并购的价格会升高。但是，组成竞标联盟可能会限制竞争，对于联盟内部的成员来说，进入联盟会降低目标溢价从而在存在俱乐部入会成本时降低目标溢价（Officer，Ozbas & Sensoy，2010）。

其次，学者们对一些关键合同项目进行了研究，包括并购定价、支付类型和几个特殊的合同项目。合理的并购价格是并购双方计算和协商的关键。Jacobsen（2014）发现，在价格不断上涨的情况下，主并企业的决策者撤销并购报价或者终止并购行为的可能性会加大。市场对因这种原因而撤资的行为的反应最为积极（Jacobsen，2014）。Baker、Pan 和 Wurgler（2012）在研究并购中对目标企业的定价时，发现交易双方均倾向于以目标企业最近时期股价的峰值为参考点，报价往往接近于这个峰值，而无论这一决定在经济上的效用是否重要。Ye（2014）对并购双方的心理行为进行了研究后指出，并购双方可以接受的价格区间基本上是以当前市场价格为下限的，目标企业可以接受的报价必须在当前市场价格和购买成本之和以上。

在对并购模式进行研究的时候，学者们主要对现金支付和股票支付这两种常见的支付方式进行了考察，他们的结论是无论采用哪种支付方式，都会对海外技术并购的双方带来财务负担和风险，这种负担和风险直接影响了并购后的绩效和创新绩效（Hitt et al.，2011），相比之下，利用现金支付为主并企业带来的这种负担和风险更大。因此，支付类型也是并购过程中需要进行协商的关键因素之一。Cocco 和 Volpin（2013）发现，并购模式与主并企业的性质有关，当主并企业的杠杆比率高于其目标水平时，决策层更倾向于利用股权融资的模式进行，反之，稳健型的企业往往因为股价在未来市场上的不确定性而不愿意使用股票作为支付手段。

（5）并购溢价。支付过高的溢价是企业在海外技术并购中的一种冒险的组织行为，这种行为会带来并购后企业研发费用投入不足、技术更新变缓、组织架构优化达不到预期等问题，而这些由于高溢价并购带来的问题，恰恰是创新绩效最为核心的部分（Chatterjee & Hambrick，2011）。经过学者们的研究，他们确定了几个并购企业可能接受高溢价支付的情况，主要包括目标企业的阻力、竞标、决策层作用，增长愿望、目标企业决策层的影响等。

Dimopoulos 和 Sacchetto（2014）发现，目标企业的阻力可以解释 70%以上的中标企业支付全部的并购溢价。Aktas、de Bodt 和 Roll（2010）发现潜在竞争者的存在，是并购溢价发生的重要原因，如果一家企业受到竞争对手的影响，它更愿意以同意支付溢价完成并购，从而避免在以后的竞争中由于缺乏创新能力而遭受损失。海外技术并购企业双方的决策层对并购溢价的影响是非常明显的，Chatterjee 和 Hambrick（2011）发现，当存在积极的客观能力暗示（如绩效支撑）或者外部暗示（如行业报道）时，主并企业的决策层可能接受更高的支付溢价。Zhu（2013）对董事会在支付溢价上的基本群体决策进行了分析，发现董事会在支付溢价的偏好方面，具有缓慢增高的特征。另外，他认为，决策层对支付溢价做决定，在一定程度上会受到之前决策层的经验的影响。Kim、Haleblian 和 Finkelstein（2011）发现，增长愿望是企业进行海外技术并购的最主要的动机，当企业发现通过海外并购获取的知识、技术、经验能够为企业未来的增长提供强有力的支持的时候，他们就会愿意为这些并购活动支付较高的价格。此外，当目标企业的股票流动性增加导致其资产折现能力增强、主并企业更容易撤出投资的时候，由于并购风险的下降，主并企业支付高溢价的意愿也会相应地增高。

（6）并购后整合。除了在股票市场上得到短期收益之外，企业的主要目标是通过实行海外技术并购实现长期的价值创造。由于主并企业与目标企业在并购后结合的效果无法被控制，产生协同效应的可能性不可预知。Dunbar（2014）认为，高达 80%的海外技术并购都没有为主并企业创造收购后的价值。这些问题有可能是缺乏长期战略目标、目标选择不合理、尽职调查不足和高额的并购费用造成的，但是，对于主并企业来说，将目标企业的知识技术进行有效的整合，使其发挥出最大的效能，是海外技术并购后的一项极具挑战性的任务。2009 年以来，大量的学者将注意力集中在研究企业进行知识、技术获取型海外技术并购后，对获得的知识、技术进行整合引起的并购绩效和创新绩效的影响方面。学者们通过研究，指出了企业海外技术并购后整合过程中的几个关键因素，主要有并购后企业的规模、企业并购后的整合方法、企业的组织结构和组织文化匹配、并购双方资源共享的方法和程度以及整合动态等。

Shaver 和 Mezias（2009）认为，由于发生海外技术并购之后，企业的规模急剧扩大，对大型企业进行管理时，会出现大量的不经济的因素，这些因素是导致并购资源整合效率低下和并购绩效、创新绩效下降的主要原因。Lin（2014）强调了组织结构和组织文化在并购后整合过程中起到的重要作用，他认为对组织结构与组织文化进行整合、吸收和使用，可以有效地提高并购绩效和创新绩效。

在选取并购后整合的方法时，Zaheer、Castaner 和 Souder（2013）建议整合的自主权不能设定为单一的、连续的统一对立端，发现当互补性而不是相似性是协同创新的主要来源时，整合的自主性可以相应提高。此外，虽然主并企业和目标企业之间的资源共享能促进对知识、技术的整合，但是随着企业客户等资源共享的增加，企业之间的联系就会不断减少，而这导致人力资本的发展被人为阻碍，从而导致知识和技术整合被削弱（Briscoe & Tsai，2011）。

企业海外技术并购后知识、技术的整合是一个动态的过程。Allatta 和 Singh（2011）表明，随着员工在日常工作中职位和角色的变化，并购双方企业之间的沟通最初会增加，但是随着时间的推移，这些沟通会随着员工的共同发展而下降。此外，研究人员发现，程序公平和信息完备在并购后的整合过程中会影响并购绩效和创新绩效（Ellis，Reus & Lamont，2009）。一组学者也研究了使并购后新的企业合法化以促进并购后的整合的方法和途径（Clark，2010；Drori & Wrzesniewski，2013），他们认为目标企业与主并企业的确认对知识、技术整合和并购绩效以及创新绩效具有推动作用。

(7) 决策层以及管理效应。研究发现，决策层的经验、认知、个性等特点，都可能导致海外技术并购绩效和创新绩效发生改变（Finkelstein，Hambrick & Cannella，2009）。这些决策层包括首席执行官（CEO）、董事会、最高管理团队以及主要投资者，他们不但能对海外技术并购提供支持，而且对并购后绩效和创新绩效的实现起着至关重要的作用。

一些学者从人口学和社会学的特征入手，研究了CEO对海外技术并购行为和并购后整合的影响。Huang和Kisgen（2013）的研究指出，从性别方面看，男性高管进行海外技术并购的意愿和频率更高，与女性高管相比，他们更愿意借助债务为并购活动筹集资金。关于董事会的监督作用，研究证实，CEO与董事会成员之间的社会关系会使其应有的监督作用被降低，这表明，明确外部董事的任期和加强他们的监督职能，与海外技术并购的绩效和创新绩效是正相关的。此外，内部董事在海外技术并购决策中的监督作用也被大家所怀疑，为解决这种情况，理论界建议在设立内部董事的企业，同时使其具有外部董事身份，以便对内部董事进行激励，促使董事会做出更好的决策，使企业海外技术并购绩效和创新绩效得到有效提升（Masulis & Mobbs，2011）。

2.5 海外技术并购对股价波动影响的文献回顾

尽管国内外学者都对企业海外技术并购绩效进行了多方面的研究，但是对于海外技术并购企业的市场绩效，也就是对股价产生的影响，却很少有人进行有针对性的研究。

2.5.1 海外技术并购对股价表现的正效应

对于企业发生海外技术并购带来的公司股价变动的研究，是从对其股东财富变化进行研究的基础上发展起来的。对这一问题开展研究比较早的是 Nusret Cakici、Chris Hessel 和 Kishore Tandon（1996），他们考察了1983—1992 年以美国公司为并购目标的 195 家外国公司在进行了海外技术并购活动之后，股东财富收益的变化情况，发现，日本、英国、澳大利亚和荷兰的主并企业在并购了美国的公司之后，其股东都能够获得显著的收益。主并企业的超额收益与标的企业对于并购的相对规模、市场开放的程度及目标企业的研发能力和强度无关，与行业和汇率变动情况也没有关系。他们的研究进一步表明，海外技术并购企业股东财富的增加，主要是来自股价上升，而股东财富的增加，反过来又刺激了公司股票在市场上的供求关系，从而带来公司股价的进一步走强。与之相对应的是，Doukas 和 Travlos（1988）以美国的跨国公司进行的海外技术并购为例，研究了海外技术并购对主并企业的股票收益的影响，Hams 和 Ravenscraft（1991）和 Cakici 等（1991）考察在美国的外国并购对美国目标企业股票回报的影响，他们的研究也都支持了 Nusret Cakici 等人的观点。

随着对企业海外技术并购绩效和股价变动的影响的研究不断深入，大量的实证证据对海外技术并购能为企业的股价变动带来正效应提供了支持。Nusret Cakici、Chris Hessel 等（1996）根据海外技术并购中公司的起源国、企业所处行业、标的企业的相对规模、主并企业在国外市场中产品的销售比例、税收环境等因素对企业海外技术并购活动对股价变动影响的影响进行了分析，他们指出，在海外技术并购活动发生的（-10，10）天之内，主并企业的股价发生了积极和显著的异常回报，这一变动的平均值达到了 2%。

另外，部分学者从海外技术并购企业股价回报方面进行了研究。这些研究证实，主并企业和目标企业的股东都可以通过海外技术并购获得积极回报，目标企业的股东从投标报价产生的溢价中获得明显的累计超额收益（Dodand，Ruback，1977；Moeller et al.，2004）。Loderer 和 Martin（1992），Fredrikslust 等（2005）对发生海外技术并购企业的股东的累计超额收益进行了统计分析，结果显示，海外技术并购对于主并企业和目标企业的股东都表现出了正的累计超额收益，并且股东的目标收益率、主并企业收益和总收益都表现为正，这种正收益在市场上会引起投资者的关注，并带来收益股价的上涨。

Doukas 和 Travlos（1988）在通过考察海外技术并购活动中对美国投标企业股价的财富效应来反向研究外国直接投资时发现，对美国企业发起海外技术并购的企业的收益要比在它们国内发起的并购行为的收益高得多，这些收益与美元疲软、支付方式、市场竞争的程度和目标企业的研发能力以及可持续发展能力呈正相关关系。这一结论也表明了在对美国企业进行的海外技术并购活动中，股价的变动是一个重要的影响因素。

在纵向的企业海外技术并购活动中，企业股价变动和股东的财富效应等方面也存在着显著的、积极的正相关关系，这与海外企业并购所受到的经济环境等冲击相对一致，这种冲击既影响企业进行纵向合并和整合的动机，也影响这种并购所带来的效益收益，即由于股价变动带来的股东财富的变化（Fan，Goyar，2002）。Dutta 和 Jog（2009）认为，在海外技术并购活动的整合完成之后，主并企业长期享有正的累计超额收益，市场会对短期内发布并购公告的反应做出合理的调整，这种调整在以后的长期经营中，对股价变动的影响是可以预期的。Kumar、Panneerselvam（2009）指出，在公告期内，如果海外技术并购产生的积极净现值用于目标企业的话，会推动企业股价上涨，进而使股东得到积极的回报。

沈芳艳（2017）以中国上证 A 股上市企业发起的海外技术并购案例作为切入点，通过事件法对海外技术并购企业的股票在市场上的信息进行了梳理，她的研究发现，企业在海外技术并购之后，股价在市场上的反应与累计超常收益率呈正相关关系，一般来说，中国的民营企业在海外技术并购发生之后，都会产生较为积极的累计超额收益率，也就是说，在累计超额收益率微整的情况下，发生海外技术并购企业的股价一般情况下都会发生积极的变化。陈信元和张田余（1999）通过对 1997 年中国 A 股上市公司海外技术并购的研究发现，发生海外技术并购企业股票的累计超额收益率在公开了海外技术并购的公告以后，上涨的现象十分明显。

2.5.2 海外技术并购对股价表现的负效应

在对海外技术并购对公司股价影响的研究中，也有一些证据证明企业的海外技术并购行为对公司股价的影响是负面的。Hopkins（2008）指出，当企业在海外技术并购活动发生后，没有达到预期的财务目标，或者没有达到管理层的总目标时，受并购中溢价支出的影响，公司的股价会受到负面的影响。Vande、Ven（1998）发现企业海外技术并购的绩效和公司股价的变动与主并企业管理层的关系非常紧密，当公司管理层出现傲慢现象时，技术、组织结构、运营管理的整合会受到管理层的影响，从而导致公司的并购绩效和公司股价受到影响。

另外一部分学者认为，在研究海外技术并购对公司股价的影响时，进行评估的时间范围也是一个重要的影响因素（H. Donald Hopkins，2008），对海外技术并购公告前后股价短期变动的研究表明，在海外技术并购公告之后，短期内目标企业的股价会上升，而主并企业的股价则不会有太大的波动，甚至有相当部分公司的股价出现了下降的现象。江斌（2002）研究了企业海外技术并购行为发生时与公司价值和股价之间的关联关系，他发现由于机构投资者对企业的海外技术并购行为更为关注，对由海外技术并购带来的影响能够做出更为合理的反应，因此，对公司股价的变动就更加敏感。李善民和朱滔（2004）对中国沪深两市部分进行海外技术并购的公司进行了实证研究，他们的研究结果表明，大部分主并企业的股东财富在并购后 3 年内有明显的损失，这种损失与公司股价的变动呈反比关系。

一些学者利用股价为控制变量研究企业并购和经济增长时发现，企业的海外技术并购行为与相关公司股票在市场上的表现紧密相关。Shleaverand、Vishny（2003）的结论是，如果公司股价过高的话，企业可以股份作为一种支付形式进行海外技术并购。Clarke（2010）通过对英国跨国公司海外技术并购活动的分析，发现股价导致的海外技术并购行为有明显的增加。Bogdan（2009）在前人研究的基础上，使用格兰杰因果关系检验以及海外技术并购行为的数量和价值研究英国公司进行国内并购和海外技术并购之间的关系，发现了它们之间存在单向因果关系，在此基础上他指出，这种由高股价引起的海外技术并购行为，会导致企业在进行海外技术并购时，支付更多的并购溢价，而这部分支出往往会导致企业绩效下降，从而导致公司股价出现下降的情况。

Shun-Jen Hsueh 等（2014）使用了六个亚太经合组织成员 1980—2010 年的季度数据对海外技术并购对股价的影响进行了研究，他们发现除了澳大利亚之外，所有国家样本的海外技术并购活动都由公司股价主导。除日本外，经济增长与海外技术并购活动之间没有明显的领先—滞后关系，股价和海外技术并购行为不能同时促使经济增长，也就是说，当国家为刺激经济增长而鼓励企业进行海外技术并购时，往往会导致公司的股价首先被压低。

2.5.3　海外技术并购对股价影响的研究评述

对海外技术并购绩效和对股价影响相关的研究，以前的学者主要是以会计指标法、事件研究法和案例研究法为工具进行的，他们的研究集中在国外跨国公司和对公司价值和股东财富的影响上。他们的研究方法和研究成果对于中国企业来说，是值得学习和借鉴的，但是，他们的研究并不能从根本上回答中国企业在海外技术并购中遇到的问题。

（1）他们的研究大都是以发达国家跨国公司的海外技术并购行为为基础进行的，但是，由于经济发展的阶段和基础不一样，新兴国家尤其是中国企业在海外技术并购活动中，所面临的制度环境、经济发展水平、政策环境等不同，企业进行海外技术并购的绩效和对股票市场的影响因素不同，研究的结果也不尽相同。因此，对中国企业海外技术并购绩效和对股价影响的研究，还应当关注经济和制度发展水平、公司治理能力以及政府对市场的干预等因素。

（2）他们的研究大都没有考虑中国股市兼具金融改革转轨和新兴市场的双重属性，也就是说，在没有结合中国国情的前提下，他们的研究结果不一定适合中国。虽然一部分中国学者取得的比较有意义的研究成果，对我们的研究和企业的行为提供了巨大的帮助，但是他们的研究还存在一定的局限性。①在成熟的资本市场中，股价反映的市场行为涵盖了企业的一切信息，这些信息可以使企业的并购绩效和市场绩效得到全面的衡量。但是在中国，影响股价的因素很多，股价在很大程度上并不能全面反映企业的价值和并购绩效。②从使用会计指标研究法进行研究得到的结果来看，不同学者选取的会计指标各不相同，而这些会计指标对企业的绩效和市场绩效的反映均存在其合理性和局限性，从而导致不同研究结果之间的可比性不强。同时，在选取指标时，如果按照传统的会计指标进行选取，就只能利用单一的会计指标进行分析，这会使企业的绩效和市场绩效不能够被全面评价；如果选取多项指标的话，体系中各个指标的权重和使用又无法进行合理的配置，影响对企业绩效和市场绩效的衡量。因此，这种方法也缺乏客观性和合理性。

（3）已有的研究大部分是以企业发生海外技术并购活动为中心进行的短期研究，其结果不能反映企业在发生海外技术并购后一段时期内连续的绩效和市场绩效变化。

2.6 主体特征与并购后创新绩效

在过去对企业海外技术并购的研究中，尽管理论界对企业的海外技术并购和技术并购、技术并购后整合、跨国公司海外经营、企业海外技术并购的绩效和创新绩效进行了大量的研究，但是，对于海外技术并购中主并企业的主体特征对市场绩效和创新绩效的影响方面的研究几乎无人进行，对不同政府吸引对外直接投资中的制度性效应的研究也基本没有开展。因此，这方面文献的数量，当前较少而且缺乏系统性。

主并企业主体特征对市场绩效和创新绩效的影响，主要表现在对技术并购动机、技术并购过程、技术并购后整合以及企业对更新知识和技术获取等方面的影响。根据学者们的研究，主并企业的主体特征及其对市场绩效和创新绩效的影响因素，主要表现在文化距离和制度环境因素、并购经验和技术基础、管理层和管理创新、财务资源和盈利能力、所在行业与企业的成熟度等方面。

（1）文化距离和制度环境因素对技术并购市场绩效和创新绩效的影响。Erel、Weisbach（2012）在跨国技术并购研究中发现，邻近的地理位置、主并企业所在国较高的会计信息公开度以及双边贸易的强弱对于两国之间企业进行合并有着重大的影响。Ahern、Daminelli 和 Fracassi（2015）通过使用国家层面的数据表明，当国家文化距离越远的时候，双方企业进行并购的数量就越低。Ye Seul Choi、Lim（2017）运用结构方程模型，对韩国科技政策对企业海外技术并购市场绩效和创新绩效的影响进行了分析。他们指出，由于资金限制、信息不对称和监管负担的存在，海外技术并购企业的技术创新和可持续生存能力受到了影响（V. Van de Vrande，J. P. De Jong，2009）为了减轻企业的挑战，改善企业获得外部技术资源的机会，许多国家政府实施了不同的政策，为企业的技术创新和绩效增加创造机会（P. Patanakul，J. K. Pinto，2014）。中小企业应该充分利用外部环境，提高自身的技术创新能力和创新绩效（A. Hadjimanolis，2000）。

Deng（2009）对三家中国企业（TCL、联想和京东方）的跨国技术并购案例的分析显示，中国独特的制度环境使中国企业能够越来越多地参与海外技术并购以获取战略资产，从而改变它们的竞争劣势。在利用制度环境和文化差异进行海外技术并购，推动市场绩效和创新绩效方面，Rabbiosi等（2009）认为，中国企业的海外技术并购，需要在目标甄选上更为谨慎，因为潜在目标企业完全有理由隐藏负面信息，夸大正面信息以提高出售价格。这是由中国的文化传统造成的，中国的企业家往往受到传统商业模式的影响，在契约经济方面有失考虑。

企业在海外技术并购后的整合中，也面临着文化距离的问题。Ye Seul Choi 和 Up Lim（2017）认为，文化整合是对企业海外技术并购的巨大挑战。在技术整合过程中，如何减少文化差异造成的障碍，是一个重要的问题。不同国家之间更大的文化距离将相应地导致更多的融合困难，同时，海外技术并购的创新绩效和市场绩效也会受到影响。

（2）并购经验和技术基础。Rabbiosi 等（2009）认为，企业在海外技术并购中往往会遭到对方因故意隐藏信息而造成的损失，除了文化差距和制度影响外，并购企业缺少并购经验和国际化经验，也是一个重要的原因。Springer Science（2016）认为，中国企业的海外技术并购经验与其海外技术并购的可能性呈正相关。方林、宋大海（2007）分析了企业海外技术并购成功的因素，结果表明，企业的并购经验和所在国的财政支持对海外技术并购的成功起着关键的作用。王宛秋、马红君（2016）利用因子分析对于 2007—2012 年中国上市公司海外技术并购活动进行分析后指出，并购经验和由此带来的并购成熟度，会对主并企业的创新绩效产生影响，进而对市场绩效也产生影响。

技术基础是影响企业创新绩效的另一个方面。技术基础包括主并企业自身拥有的技术资源、目标企业绝对知识规模、目标企业相对知识规模以及并购后企业对更新技术的研发和获取等。U. Rui、Lingzhi Li（2017）利用 2015 年的相关数据分析了 2003—2012 年由中国企业发起的海外技术并购行为，结果表明：目标企业的绝对和相对知识占比越小，企业的创新绩效和并购绩效就越大，反之，海外技术并购的创新绩效和并购绩效就越差。另外，企业自身拥有的技术资源和并购后企业对更新技术的研发和获取也对企业的创新绩效和市场绩效有着重要的影响，如果企业拥有更多的知识和技术资源，企业就能更好地整合从外部获取的知识和技术，从而促进创新绩效和市场绩效。同时，对于并购后对更新技术的研发投入、产出等衡量方面，研究人员仍然存在着争议。部分学者认为，基于产出的绩效衡量一般涉及专利的数量和质量（Grilicges，1986；Acharya & Subramanian，2007；Chava et al.，2013）；对企业技术并购后更新技术的衡量，主要需要利用投入计量的方式，采用技术人员、劳动力和固定资产投资的绝对指标来进行（Zhu et al.，2016；Hage Dounn & Cloodt，2003；Mao et al.，2013）。

（3）管理层和管理创新。包括董事会成员、CEO和独立董事在内的管理层，其管理经验、认知、个人、所有权和薪酬已经被证明会影响企业海外技术并购之后的表现，包括市场绩效和创新绩效等，因为管理层可能会面临并购后市场绩效和创新绩效的压力（Haleblian et al.，2009）；自2009年以来，很多学者一直在研究管理层的管理经验和认知、个性对海外技术并购后市场绩效和创新绩效的影响。具体而言，Zollo（2009）认为，管理者对之前并购成功的看法与焦点合并的实际表现呈负相关，因为先前获得的成功是管理者过于自信。Vaara、Junni、Sarala、Ehrnrooth和Koveshnikov（2014）研究了管理者对并购后的市场绩效和创新绩效的影响，他们发现，管理者的内部和外部的特征会影响企业海外技术并购后的表现。

管理创新指的是“生成和实现”，以现有技术为基础，对管理过程、结构等重新组织，实现组织目标的创新。（J. Birkinshaw，G. Hamel，M. J. Mol，2008）。管理创新能够使企业及时实现所需的业务创新和技术创新，被认为是组织增长的一个关键工具和盈利能力，她在改善组织方面发挥了重要作用，对提升公司的生产能力和业绩起到了重要的作用。对提升公司的生产能力和绩效起到了重要的作用（M. J. Mol，J. Birkinshaw，2009）。Hinterhuber 和 Lizu（2017）声称创新管理体系采用不同的政策和程序有效地利用自身资源以及通过海外技术并购获得的技术，来帮助企业获得可持续的竞争地位，并为未来企业市场绩效和创新绩效的提升提供动力。

（4）财务资源和盈利能力。王宛秋、马红君（2016）认为，主并企业的财务资源充足程度与海外技术并购后创新绩效和市场绩效呈正相关关系。吕媛、黄国良（2009）对企业进行海外技术并购所需资金来源与并购后创新绩效和市场绩效的关系进行了分析，他们发现主并企业的营运资金净额、净利润和并购后对新的知识、技术的研发投入存在着正相关关系。胥朝阳等（2009）在对上市公司海外技术并购的绩效进行实证研究的基础上发现，企业的每股未分配利润越高，其进行海外技术并购后的整合难度就越低，因此，他们认为企业可利用的财务资源与海外技术并购后的创新绩效和市场绩效有直接关系。国外的一些学者从企业的财务制度和财务战略方面分析了企业财务资源与并购后创新绩效和市场绩效的关系。Holmstrom 和 Ricart I Costa（2009）观察到，一个企业的资本预算决策，包括最低预期收益率和企业评估特殊风险的方式，会影响管理层在海外技术并购中对财务资源的配置，进而影响并购后主并企业的创新绩效和市场绩效。Kim、Haleblian 和 Finkelstein（2011）发现，那些渴望通过海外技术并购实现创新绩效和市场绩效增长的企业更有可能通过更为激进的财务政策进行海外技术并购。当目标企业股票流动性增加的时候，主并企业更愿意支付更高的溢价，因为此类并购后，合并企业的资产折现率提高，主并企业的投资者更容易撤出投资（Massa，2013）。Offenberg、Straska 和 Waller（2014）已经证明，当目标企业先前并购的价值损失更大时，其股东所获得的溢价更高，企业就能获得更多的财务资源，以实现更高的创新绩效和市场绩效。

海外技术并购中主并企业的盈利能力。企业的盈利能力既是其市场绩效和创新绩效变化的影响结果，又是企业的主体特征，对企业市场绩效和创新绩效的提升发挥着重要的作用。对企业盈利能力有所影响的创新绩效主要有研发投入所产生的专利、技术、创新团队等；反映企业盈利能力的指标主要是企业的 ROE、每股未分配利润等。胥朝阳、黄晶、颜金秋（2009）以及 Umair Khan、Seoyeon Lee 和 Madiha Salik（2018）认为，为了保持较高的利润和长期存活的能力，企业应该通过技术创新，为其发展提供长期的可持续性，同时，为企业更加先进的技术研发提供资金支持。

（5）所在行业与企业成熟度。关于所在行业对企业海外技术并购中主并企业的创新绩效的影响，也是近年来国内外学者比较关注的一个课题。Ahuja 和 Katila（2001）研究了美国化工行业的海外技术并购和整合。他们发现，在相对规模对创新绩效产生负面影响的同时，知识的绝对规模将增强创新绩效。方林等（2007）发现，政府对海外技术并购企业的财政支持和政策帮扶，在很大程度上受到主并企业所在行业的影响。Zhefan Piao（2017）在对中国企业海外技术并购的创新绩效进行分析的时候发现，从整体上来说，中国企业进行海外技术并购之后，都很难取得良好的创新绩效，但是，在计算机、通信设备、电机、化工、制药等行业，主并企业的创新绩效较高。这与中国政府倡导的“调整经济结构、占领技术高地”的行业发展思路有关。

企业的成熟度也是影响其海外技术并购创新绩效和市场绩效的一个主体特征。企业的成熟度主要表现在企业的年龄上。Zhefan Piao、Rongda Chen 等（2018）在利用超效率 DEA 模型和面板 Tobit 模型对 2009—2015 年中国上市公司海外技术并购的技术创新情况进行研究时，对企业成熟度对并购绩效、创新绩效的影响进行了阐述，他们认为在影响创新绩效因素的回归中，企业年龄仅在内部扩张样本中与创新绩效显现出负相关关系，在外部扩张样本中这一关系并不显著。当公司还年轻的时候，创新绩效对公司的年龄更敏感。企业年龄越大，对创新绩效的影响越小。在内部扩张样本中，自由现金流对创新绩效的影响并不显著，而在外部扩张样本中，自由现金流显著负值。公司规模、高管薪酬、高管平均年龄、折旧和创新绩效显著负值。股权集中度、资本强度和显著的财务杠杆系数均为正；独立董事维度和总资产周转率对创新绩效影响不显著。U. Rui、Lingzhi Li（2017）认为，面对复杂的海外技术并购形势，企业需要一定的经验和能力。随着业务的发展，积累的经验将成为无形资产的一部分。在技术外包海外技术并购中，经验有利于企业应对诸多问题，提高创新绩效。

除了上述几点之外，还有其他一些主并企业主体特征，如企业的投资强度、主并企业的治理能力、主并企业在技术并购战略中对技术获取的投入计量等，对海外技术并购的创新绩效和市场绩效产生影响。总体来说，企业的主体特征对海外技术并购的创新绩效和市场绩效产生着最具根本性的影响，同时也受创新绩效和市场绩效的影响，在企业发展的过程中不断因为企业所面对的环境的改变而发生改变，为企业未来的发展提供动力。

2.7 高管背景与并购后创新绩效

2.7.1 高管团队异质性与并购后创新绩效

（1）国外研究方面。20 世纪八九十年代，美国学者拉让尼克和奥苏丽文提出了创新型公司治理理论，突破了以往对股东理论和利益相关者治理理论的研究。拉让尼克指出，企业的创新是指企业在科学技术的推动下在原有生产要素的基础上以更低的生产成本创造出更优质的产品和服务。企业需要不断地完善治理结构来为创新打下良好基础，奥苏丽文在创新型公司治理理论中指出，财务承诺、组织整合和内部控制等是创新型企业必不可缺的治理制度条件。两位学者还同时提出了关于公司治理的管理能力和组织性质的问题。

在公司治理对公司创新绩效的影响方面，Haresh Sapra 通过对公司内外部环境的分析，提出了影响企业创新绩效的三个公司治理因素，分别是股权集中度、董事会结构和股权激励。在董事会规模方面，Zahra（2000）研究了美国的制造公司，发现更高和更低的董事会规模与较低的企业创新绩效相对应并呈现显著的倒 U 形关系。

在股权结构方面，Lee（2003）对美国和日本的公司进行了比较，发现美国公司股权的集中程度越高，投资的研究和开发就越高；日本公司股权集中度与机构投资者之间没有明显的联系，但机构投资者自身的规模优势不容小觑，其在一定程度上促进了企业创新活动的实施。Francis 和 Smith（2005）的实证研究证明，股权分散的公司由于控制权分散，创新决策难以制定，导致创新绩效比其他企业落后。Hosono、Tomiyama 和 Miyagawa（2004）研究表明大股东持股比例越高，企业研发强度越强，而在企业的规模方面，资产负债率越高，研发力度就越低。Zahra、Neubaum 和 Huse（2000）研究表明，中型企业的企业管理者持股比例越高，企业技术创新活动越显著。

在高管激励方面，高管激励问题一直是国内外学者研究的主要方面。1925 年，管理层薪酬与公司绩效的关系由 Taussings 和 Baker 首次提出。Jensen 和 Murphy（1990）对高管薪酬绩效的影响因素进行了分析，发现高管薪酬与公司绩效不存在明显的关系。Short 和 Keasey（1999）研究表明公司高管所有权激励与公司绩效之间存在函数关系。Marianna 等（2006）通过对美国技术密集型上市企业数据的实证研究证实了高管股权激励与企业创新绩效之间存在显著关系。

Harhoff（2009）在研究中表明专业背景越多元化，其生产效率越高，创新企业绩效就越好。Hambrick 和 Mason（1984）认为在企业的人员配置中，高管的级别配置越合理，企业的创新绩效越好。Mirjam Knockaert 和

Ekaterina S. Bjornali（2015）研究表明高管团队异质性促进董事会决策。Carla D. Jones（2019）研究指出，高管团队中 CEO 的配置关系到整个团队的发展甚至影响到整个企业，其能改变高管团队的内部异质性。Jun Li（2008）研究得出高管团队任职期限异质性与团队重组呈显著负相关，任职期限对团队重组的影响力要远远大于企业成长能力。

（2）国内研究方面。完善的公司治理结构能促进企业做出创新决策和创新战略，从而提高企业的创新绩效和市场竞争力。王彦敏（2008）表明合理的董事会治理和执行激励能够促进企业的创新，但尚未在股权结构上达成统一的结论。在股权结构方面，于慧越（2008）研究表明，最大股东持股比例越高，其拥有的决策权就越大，进而就越利于技术创新程度的提高。不同的股份制对技术创新的作用不同，法人股促进技术创新，而国有股由于其特殊性，对技术创新的作用不好明确判断。刘晓敏、李垣、史会斌（2005）认为，最大股东的持股数量越多，企业经营者就越注重企业竞争力的提升和可持续发展，进而增加创新投入比例。陈隆、张宗益、杨雪松（2005）研究表明，公司治理结构中的股权集中度与公司的技术创新程度呈 U 形关系。陈隆等（2005）研究表明股权集中度和企业创新绩效呈反向的 U 形关系。

高管激励作为公司治理结构的重要研究因素一直备受关注。徐宁（2013）通过实证研究表明，我国高新技术企业高管股权激励越合理，企业研发投入就越多，但其不会随之一直增多，两者呈 U 形关系。肖利平（2016）指出在我国上市企业中高管拥有的股份占比越高就越能有效促进研发投入的增加。

国内学者对公司治理的研究逐渐向监管效应方向发展。任海云（2011）研究认为，独立董事与创新投资和企业绩效没有显著关系，高管股权激励对其则起有效的监管作用。许敏和王静华（2012）研究表明，股权集中度在我国高新技术企业中发挥巨大的作用，其能够有效地调整企业投资与企业绩效的关系。石大林（2014）研究表明独立董事的比例越高，企业创新绩效就越高。

近年来，国内学者开始以人力资源为导向，以行政团队作为研究对象，对企业的创新绩效进行研究。谢凤华、姚先国和古家军（2008）对高管团队特征与企业创新绩效关系进行了研究，认为高管团队教育程度异质性促进研发绩效的增长，年龄异质性则限制营销绩效的增长。

李小青和孙银风（2014）研究了商业银行高管团队异质性与财务绩效的关系，研究表明，高管团队四个异质性与企业创新绩效呈正相关。梅强和徐胜男（2012）对初创企业的高管团队异质性与创新绩效的关系进行了研究，认为企业建设初期要特别重视高级管理人员的配置，其关系到企业的创新绩效。

肖久灵（2006）对高级管理团队的特征和有效性之间的关系进行了实证检验，研究认为，企业应该优化高管团队人员配置，重视高管团队人员异质性配置以确保团队的有效性。

韦小柯（2006）研究表明，我国制造业高管团队的任期越长，企业创新投资越少，高管年龄异质性、教育背景异质性与创新投入无明显关系。

薛有志和李国栋（2009）对高管团队同质性和异质性与企业国际化战略实施的关系进行了研究。结果表明，公司的全球战略实践行为不能由总经理主导；高管团队平均任职期限与国际化战略实施呈负相关，教育程度的异质性与国际化战略实施呈正相关。

王瑛、官建成和马宁（2003）研究表明，高管团队特征、企业竞争策略和企业绩效显著相关，且教育程度异质性与研发投资的竞争战略有显著关系。

肖挺和刘华等（2013）通过建立模型对创新经济的影响因素进行分析，研究表明，高管团队特征异质性中的年龄异质性与创新经济存在影响关系。

（3）文献评述。通过对相关文献的研究，发现目前的研究倾向于考察高管团队和公司治理结构的异质性对企业战略和财务绩效的影响。对高管团队异质性与企业创新绩效的影响的研究相对较少，对公司治理结构如何调节高管团队异质性，促进创新绩效提高的研究更是甚微。

经研究发现，我国对创新绩效的研究相对滞后，对企业创新绩效的研究相对不成熟。现有的对高新技术企业的研究大多针对企业绩效方面，我国高新技术企业处于快速发展期，对创新绩效的研究迫在眉睫。

当前文献中对创新绩效的研究大多是对技术创新产出指标的研究，而对技术创新投资指标的研究相对较少。高新技术企业的创新研发投入的多少直接关系到企业的创新绩效，对创新投入的比例进行控制，能够在过程中提高创新投入进而促进企业最终的创新绩效，本研究通过研发投入占营业收入的比例来衡量企业创新绩效，它能反映企业的创新性投资和创新能力，进而提高企业的可持续发展能力。

因此，在充分考虑现代企业关注的高管团队特征、公司治理结构中的股权集中度及以研发投入占营业收入的比例为参数的企业创新绩效之间的关系的基础上，进一步探讨了公司治理对高新技术产业的监管效果。以研发投入占营业收入的比例作为创新绩效的指标，为高新技术企业提高创新绩效提供建设性理论和实践方向。

2.7.2 高管海外背景与并购后创新绩效

通常而言，企业的战略是由其高管团队制定的，尤其是涉及战略并购层面。然而，对于海外技术并购的决策者，即主并企业的高管团队的影响，鲜有研究对此进行探讨。Nadolska 和 Barkema（2014）的论文从组织学习（Organizational Learning）的视角对高管团队对并购的成功能否产生影响进行综述，认为企业的高管团队的并购经验和学历都会对企业的并购成功产生影响。作为企业的核心决策层，高管团队在跨国并购的战略制定、执行和并购后的整合整个过程中都起到重要作用。因此，选择什么样的高管团队，对企业能否提高并购后的创新绩效，从而取得跨国并购的成果有着举足轻重的作用。Hambrick 和 Mason（1984）提出了高层梯队理论，该理论认为管理者的价值观和认知与个人特征密切相关，高管的背景特征（如年龄、教育背景等）决定了高管在工作中的偏好，从而影响企业战略选择。然而，尽管过往的研究对跨国并购中高管的并购经验等进行了研究，但现有的文献并没有关注高管团队对跨国并购后技术绩效的提升产生的影响，且对高管团队的国际化属性，即其国外任职经验或国外学习经历如何影响跨国并购后企业创新绩效的研究也较少。对于我国上市公司这样的新兴市场企业而言，海外技术并购的主要动机是希望获得海外的先进技术。与发达国家的企业不同，新兴市场的企业有越来越多的高管成员是曾经在海外发达市场学习或者工作过的高层次人才。许多研究表明，具有国外任职经验或国外学习经历的管理人才对企业创新、技术溢出以及海外技术转移都有积极作用。他们的海外经历和教育背景会为其带来一定的优势，他们从发达市场获取的先进技术能够为新兴市场的技术追赶起到重要作用。

学者侯汉坡（2007）在以提升创新能力为目标的技术并购整合管理研究中表明，我国跨国技术并购提升技术绩效的主要困难在于难以进行有效的隐性知识的共享与整合。在这个过程中，具有海外经历的高管往往受到海外发达资本主义制度和文化的熏陶，从而在技术并购后的技术吸收整合中产生积极效应，推动并购企业技术创新。对于高管海外背景是否会对企业创新绩效产生影响在学术研究中也有了相应的成果，基于知识溢出和技术转移的视角，相比于国际贸易和外国直接投资，海归企业家所带来的知识溢出效应更为显著（罗思平和于永达，2012）。高管的海外背景不仅有助于提高企业技术创新的投入产出及效率，而且还能够促进企业海外技术并购后的创新绩效。从路径上看，Herrmann 和 Datta（2005）利用制造业的样本研究发现，高管的海外经历能够促进企业多元化以及国际程度的提高。葛玉辉和申舒萌（2010）在分析了我国165家公司近7年的数据后，发现具备海外工作背景的公司高管，能更好地评估公司外部环境并提出新的市场进入模式。Giannetti等（2015）发现企业的生产、ROE以及国际化程度都与董事会的海归高管层息息相关。从结果上看，国内学者的研究发现，海归高管对企业的长期和短期绩效以及创新产出都有积极的作用（王雪莉等，2013），而且海归高管对技术创新有着明显的提升；无论是在创新行业还是非创新行业，海归高管带来的创新效应均显著，在创新行业中尤为突出（张信东和吴静，2016）。刘凤朝等（2017）的研究发现高管团队的海外背景能够促进企业的专利申请，且海归高管与本土高管的异质性越明显对企业的创新促进越大。孟勇（2020）以2012—2017年我国高新技术产业201家上市公司为样本，通过建立负二项回归模型进一步对海外背景高管带来的创新效应进行验证，结果表明在不同的海外背景中，高管的海外生产研发经历会显著促进企业的创新产出。

国内外学者的主流观点都是认为高管的海外背景会对企业绩效产生正向影响，不过还是存在一些持中立或相反态度的学者。一些研究者表示，由于海归高管在本土化企业中的“水土不服”，高管的海外背景甚至会抑制企业的绩效（余国新，2010）。但总体上看，就创新绩效而言，主流观点依然认为高管海外背景对创新绩效具有显著优势。

2.8 研究述评

跨国并购作为我国企业突破自身资金和技术瓶颈的有效方式，成为大多数企业关注的重点。大多数学者只是关注并购前期、中期的影响，并未对后期主并企业绩效进行评估。回顾现有文献的评估体系，发现大多数采用财务绩效来衡量并购绩效，并不能对海外技术并购后企业创新绩效的变动做出客观反应。国外对此虽然有实证研究，但国内大部分还仅仅局限于案例说明，并未对整体做出有效说明。但作为新兴国家体制的一部分，新兴经济体制度环境与发达经济体明显不同，因此企业海外技术并购的动因、影响因素、并购绩效可能呈现不同的结果。这些文献的研究方法与结论虽然值得我们借鉴，但是国外研究数据和结果并不一定适用我国跨国并购。

此外，关于企业进行跨国并购后的创新绩效的影响因素的研究，大多数学者关注的是并购本身对于并购后创新绩效提升的影响，比如并购的规模、并购的类型、并购的动机、并购的方式等，忽略了企业的主体特征在并购中所起的作用，以及在跨国并购后决策者——高管对于并购后整合的重要作用，尤其是在跨国并购中，高管的海外特征会对消除并购双方文化、制度差异，加速产业融合有着不可忽视的作用。以高管海外背景为切入点对创新绩效的影响因素的研究，国内外已经相当丰富，但将高管海外背景放在我国并购案例中，鲜有学者研究其对创新绩效的影响。此外，也几乎没有研究涉及海外技术并购和股价变化，海外技术并购无疑会对并购的股价波动产生显著的影响，但这种影响是短期的，如何阐明股价短期的波动，以及主并企业主体特征在其中发挥的作用，也是有待回答的科学问题。

第 3 章

概念界定与理论分析

Chapter 3

3.1 概念界定

3.1.1 跨国并购

我国越来越多的企业通过跨国并购进行企业扩张，尤其是在我国加入WTO以后，我国经济与世界经济的快速融合加速了国内跨国并购的热潮。学者们对跨国并购进行了定义，即企业通过购买国外企业部分或全部的资产或股权来取得在国外的各种资源，具体分为跨国兼并和跨国收购。其中兼并是一家企业通过产权的有偿转让以现金、证券或其他形式获取另外一家企业的全部或部分产权。被兼并的企业进而丧失自己的法人资格和实际决策权，被并入兼并企业集团中。与此相对应的企业收购，虽然也是通过该种方式获取另外一家企业的控制权，但是被收购企业的法人资格依旧存在，收购行为实际上是一种经济手段。企业跨国并购是与国内并购的对立概念，主要是指并购双方涉及两个或两个以上国家主体，跨越了国界的并购，因此在并购中可能要面对并购双方文化差异导致的风险。中国企业跨国并购作为跨国并购的组成部分，是我国企业和其他经济体企业之间的经济活动，借助于一定的渠道和支付手段，将其他国家企业的整体资产或控制权购买过来以实现自身的战略目标。

3.1.2 创新绩效概念及度量

（1）创新绩效概念。创新绩效也称创新产出或者创新表现，是学者对在对企业创新形为的研究中提出的概念。Hagedoom 和 Clodt（2003）拓宽了创新绩效的范围，从技术领域拓展到流程、管理等领域，把创新绩效看作多维度的概念，建立了研究的新视角。创新绩效表现了企业在创新方面获取的成效和产出，用来衡量企业创新水平的高低。管理学中的创新绩效一般分为狭义和广义两个方面。从狭义的角度看，组织创新产出水平和成果作为创新绩效的具体评价，一般使用新产品开发速度、销售收入等指标测量。对此我国学者崔运开（2008）运用大量的实证研究对其进行了补充和完善。他认为在对创新绩效这一概念进行界定时必须要同时考虑三个方面的内容，即技术创新、管理创新和知识创新。毋庸置疑的是，创新绩效作为一个综合性的指标，包含很多变化着的因素，考虑到它的综合性和复杂性，从广义的角度看，创新绩效不仅强调技术创新，也注重商业化（Ahuja & Katila，2001）。Laursen 和 Salter（2006）认为一个产品从生产制作到投入市场获得收益的全流程都是创新绩效。因此广义的创新绩效一般通过发明专利数量、研发支出、组织的管理制度等多种指标测量。创新绩效是企业创新能力的体现。就本研究研究的并购后的创新绩效，则被定义为企业完成并购后，企业研发部门是否实现预期创新产出的目标（Simth，1997）。

（2）创新绩效度量。对于创新绩效指标的衡量，梳理国内外学者的评价体系后，总体从新产品情况、专利情况等指标衡量创新绩效。

新产品情况：杨东德、赵世祥（1994）从产品角度，使用产品创新数量占比、产品创新商业化比重、产品创新的销售额占比、创新品数目、产品创新周期等指标来测度创新绩效；Arundel 和 Kable（1998），Ahuja（2000）将新产品数量作为创新绩效的测量指标；Tasi（2001）和 Ritteretal（2003）选择了新产品的开发速度；丁岳枫（2006）从新业务的开发数目、新业务数目占总业务的比例、新业务营业额占总收入的比例这几个方面进行衡量；李武威（2013）和付敬（2013）分别将新产品产值和新产品开发项目这两项作为衡量企业创新绩效的指标。

专利情况：专利申请数成为众多学者衡量创新绩效的选择（Brouwer & Kleinknecht，1999；邹鲜红、罗承友，2009；李梅，2016），温成玉、刘志新（2011）使用发明专利申请数衡量创新绩效。

综合指标：国外学者中，Hagedoom 和 Cloodt（2003）使用研发投入、专利数、专利引用次数和新产品数来衡量创新绩效；国内学者中，韦影（2006）选择了新产品数、专利申请数、新产品产值占销售总额比重、新产品的开发速度、创新产品的成功率等多重指标；李晓梅、王伟光、考燕鸣（2009）将专利申请数量、拥有发明专利数和研发经费内部支出作为创新绩效衡量指标；胡雪峰、吴晓明（2015）使用专利申请数和研发投入与当年销售额之比来衡量创新绩效。

基于跨国并购的目的，学者引入创新绩效对并购后主并企业进行评价。毋庸置疑，创新绩效是一个综合性的指标，包含很多变化着的因素，考虑到它的综合性和复杂性，根据现有研究，以专利、市场机会、品牌价值以及新产品产值作为衡量创新绩效的指标。学者们纷纷从广义和狭义层面具体对创新绩效做出解释。回顾以往文献，我们发现对创新绩效的衡量指标有很多，包括新产品数、专利申请数、研发投入、新产品的销售额等。尽管公司技术开发创新的初衷并不是新产品、新技术及新型外观等，但在技术输出指标体系中，新产品、新技术和新型外观等是重要的表现形式。其中，专利申请数作为衡量企业创新绩效的指标被大多数学者接纳和采用（Bresman Birkinshaw et al.，1999；温成玉和刘志新，2011；孙忠娟、谢伟等，2012）。

3.1.3　企业主体特征

根据企业发展的资源基础理论，为了保证自己在市场竞争中的优势地位，每家企业都拥有不同于其他企业的、独特的有形或者无形的特质。在企业的生产经营过程中，这些特质可以为企业核心竞争力的保持提供原动力，并对企业竞争优势的保持起到关键的支撑作用。在企业的并购活动，尤其是技术并购活动中，每个参与并购的企业都是为了获取其他企业所拥有的独特的资源来巩固和发展自身的竞争优势，或者通过出售自己拥有的独特的技术等资源来获取资金，以实现自身利益最大化的目标。而体现在并购中企业的这种独特的特征或者能力，以及在并购过程中的表现，构成了企业并购主体特征的理论框架。而主并企业的主体特征理论，是围绕着对主并企业的研究展开的。

并购企业的主体特征是一个与并购前、并购中和并购后企业的表现相结合的一个整体。并购前的主体特征，主要体现为企业并购的积极性、技术规模和技术战略；并购中的主体特征，主要体现在企业的财务资源和盈利能力方面；并购后的主体特征，主要体现在主并企业的公司治理和主并企业并购成熟度等方面。主并企业的并购主体特征，对于企业并购后的市场绩效和创新绩效，具有十分重要的影响。

（1）企业进行并购的积极性、技术规模和技术战略对主并企业的绩效有非常重要的影响。取得协同效应和规模效应是企业进行并购的主要动机。对于技术并购来说，从对外部知识吸收和利用中获得的技术规模和技术能力的增加，会使企业产生具有创新意义的能力。因此，企业进行技术并购的效率会由于其对新知识、新技术获取的积极性和由此产生的企业的技术规模不同而有所差异，而企业进行技术并购的效率，会直接影响主并企业的技术创新和绩效。同时，企业进行并购的技术战略会成为技术并购与技术创新的一个关键因素。企业在选择并购目标、采购战略的过程中，技术相似性和知识库的规模会对技术产出产生重大影响；而企业选择技术采购或者其他方式进行并购，也会对并购后协同效应的实现造成重大影响，进而对企业的技术创新产生影响，并影响主并企业的绩效和股价。因此，海外技术并购对企业主体特征的改变之一是提升企业的技术创新能力。

（2）主并企业财务资源和盈利能力对企业绩效和股价的影响。企业创新能力的提升，取决于其拥有的可以创造核心竞争优势的知识和技术，而这种知识、技术的取得，离不开由资金支持的研发活动。资金来源成本的存在，使企业在选择融资方式时，必然要根据自身的财务资源进行选择。研究表明，当公司的内源性融资能力较强，即企业自身财务资源比较充足的时候，并购后对企业技术资源的整合和利用的效率会更高，而对企业并购绩效和创新绩效的影响也就更大。同时，企业的盈利能力可以为企业提供更为丰富的财务资源，并对企业研发投入产生作用。因此，企业的盈利能力对技术并购的市场绩效和创新绩效有直接的影响，而企业盈利能力的提升，取决于企业技术创新和产品创新以及协同作用。因此，结合海外技术并购的事中特点，海外技术并购的主体特征可以表现为海外技术并购对企业治理结构即企业的管理创新和制度创新的影响。

（3）并购成熟度与主并企业的公司治理能力对市场绩效和创新绩效的影响。并购成熟度主要指企业技术并购中所表现出来的决策能力和并购后的整合能力以及影响企业技术并购进程的其他能力。在并购活动中，并购成熟度较高的企业，往往不仅有比较丰富的并购经验，而且在目标企业选择、并购后整合和管理体系等方面，都具有比较明显的优势。这些优势会对主并企业的市场绩效和创新绩效产生明显的影响。另外，主并企业的公司治理能力，对技术并购的战略、规模效应和协同效应的实现，并购后整合，管理体系的升级以及创新资源的供给都具有至关重要的影响，因此，主并企业公司治理能力对技术并购的市场绩效和创新绩效也具有重要的影响。

此外，企业的主体特征，还表现在企业的成熟度、技术战略和立场、企业并购和国际并购经验、行业的相关性以及企业具备的政治和经济优势等方面。

总体来说，在与海外技术并购事前、事中和事后进行结合之后，企业的主体特征表现为技术创新、产品创新、管理创新和制度创新。而研究海外技术并购对企业主体特征及其功能的影响，主要也是从这几个方面进行的。

3.1.4 高管团队异质性

（1）高管。高管一词最早是由 Cyert 和 March 两位学者在 20 世纪 60 年代提出的，后来学者们对高管团队纷纷关注并进行大量研究，最终形成了不同的理念。国外学者认为，一家企业的执行团队由五级决策者组成：董事长、总裁、CEO、副董事长和副总裁，并认为他们决定着公司的发展战略和方向。我国学者通过对高管团队的学习和研究，最后认为，高管团队由四级决策者组成：总经理、副总经理、董事会成员和其他参与管理决策的管理者。

我国公司法指出，上市公司高管团队主要由总经理、副总经理、财务主管、董事会秘书和其他人员构成。本研究所研究的高管人员是从 2012 年到 2016 年高新技术企业公布的高管团队人员信息中获取的，主要由总经理、副总经理、董事、监事、财务负责人、董事会秘书等构成。

（2）高管团队异质性。高管团队异质性是指企业高管团队人员在年龄、性别、受教育程度、人生观、价值观等人口统计学特征上的差异。高管团队决定着企业的创新策略和创新投入，完善的高管团队人员配置能够促进企业的创新和发展。本研究根据相关文献研究及国泰安数据库中创业板高新技术企业相关信息选取了性别、年龄、教育程度和任期期限作为本研究高管人员人口特征进行研究。

（3）公司治理结构。公司治理结构是所有者为了使公司长期可持续发展，对公司实施的计划、监督、协调、控制等一系列管理措施，从而在平衡企业管理者各方利益的情况下实现企业的经营目标。它的含义分为狭义和广义两种，前者仅指公司内部关系管理，后者则包含了公司和社会的关系。

狭义的公司治理是所有权和经营权的有效平衡，企业通过制定一系列的制度来划分界定所有者和经营者的权力与责任，保证所有者的利益，实现股东权益最大化，以防止经营者与所有者的利益背道而驰。它主要由股东大会、董事会、监事会及经理层构成。广义的公司治理范围较广，其包含公司与企业所有利益相关者之间的权利和义务，用来协调内部高层领导者及职工、外部债权人、潜在投资者的关系，以促使公司从全面出发做出正确的决策和发展策略，明确和维护相关者的权益，促进公司绩效完成，实现公司发展目标。

公司治理的本质是决策权与监督权的抗衡，使企业在权力制衡的情况下最大限度地保证所有者的权益，促使企业快速发展。公司治理的关键是董事会、股东大会、公司激励等制度的完善与实施。

3.1.5　高管团队海外背景

Hambrick 和 Mason 在 1984 年首次提出高层梯队理论（Upper Echelons Theory）之后，高管团队的概念才开始正式被广大学者所使用。随后 Hambrick 和 Finkelstein（1996）归纳和总结了高管团队的概念，将高管团队定义为“负责协调组织整个企业的运行，在企业发展战略和经营决策方面具有最高控制权与执行权的高层经营团体”，这是目前使用最多的概念。随着全球化趋势的深入，“海归高管”“海归 CEO”“国际经验”等海外背景新名词成为新的研究热点。关于概念如何界定，具有代表性的是 Herrmann 和 Datta（2005），他们从海外背景的范围角度明确海外背景的含义，海外经历具体包括曾在海外及国外分部工作和学习的经历。在此基础上，Lee 和 Park 将高管成员的外国国籍（出生地）连同高管成员的海外工作经历和教育经历一起纳入界定范围。国内学者对海外背景的研究多以上述界定为基础，例如徐万里（2010）等将一年以上的海外工作或学习经历界定为国际经历。类似地，在海外学习或工作一年上的学成归国人员被定义为具有海外背景（罗思平、于永达，2012）。学者王雪莉等（2013）在Herrmann和Datta对海外经历以及Lee和Park对海外教育的定义基础上，将海外户籍、海外教育、海外工作、跨国公司工作四个方面的经历界定为海外背景，对海外背景这一概念进行了更为具体和广泛的界定。

3.2 理论基础

3.2.1 资源基础理论

资源基础论诞生于早期沃纳菲尔特的《企业的资源基础论》的发表。根据资源基础理论，每一家企业都具有不同的有形和无形资源，资源基础理论认为企业持久发展的源泉就是这些资源。这些资源可转变成独特的能力，是企业维持持久竞争优势的保障。Bierly和Chakrabarti（1996）从资源基础观的视角出发，认为资源基础决定企业创新，具体来讲就是，如果企业所具备的资源基础层次不同，那么因此而形成的创新绩效也会不同。基于此，Grant（1996）对资源基础观进行更深入的研究，并将其拓展为资源基础理论，在他看来，这是一种新的战略管理理论，还提出该理论关注内部资源的重要性，企业的战略发展方向会受到内部资源的引导和影响，最终直接影响企业的生存与发展。在众多资源中，知识作为一种无形资源具有高价值、难以模仿等特性，是企业建立核心竞争优势、形成独特市场的关键。而知识资源的异质性决定了企业区别于其他企业的前提。本质上，知识资源转化为产出就是企业创造价值的过程，是知识资源应用的综合成果。一般而言，知识资源又包括显性知识和隐性知识，显性知识是指容易被归纳总结，进而系统化地在个人和组织间传递的知识，与显性知识所对应的是隐性知识，隐性知识是主观的经验或体会，不容易系统化，因此隐性知识的获取和转移非常困难，但对企业发展具有重要意义。我国企业的海外技术并购多是基于获取技术资源的目的，并购后确实获取了被并购企业的显性技术资源，但对于其隐性知识却难以复制。因此，并购后企业的创新绩效并不一定会达到预期的目标，这也与隐性知识的特性有着紧密联系。从另一个角度讲，对于跨国并购双方文化差异等风险，具有海外背景的高管由于具备丰富的海外专业技术知识和较强的管理能力，在跨国并购中会对知识资源的获取和后期知识的转化有所帮助，尤其是在隐性知识方面提供了有力的补充。

3.2.2　高层梯队理论

20世纪80年代，美国学者Hambrick和Maso首创性地在他们的文章中提出了“高层梯队理论”，自此拉开了高管团队理论的序幕。为之后学者对高管团队的研究提供了入口，同时也提供了最初的理论基础。高层梯队理论的主要观点是：高管团队作为企业的核心决策层，在企业运行中扮演着至关重要的角色，不同特征的高管会对企业绩效产生直接影响。该理论认为，由于高管团队对组织的认知并不全面，在企业运营过程中，往往会根据自己的认知和价值观做出有限理性决策，对组织变革产生巨大影响，因此了解企业的生产运作就离不开高管的具体特质，从高管的特征能够有效预测企业运行与产出。高管的整体特征，而非高管单个人员特征，其更具有预测性意义。在实际研究中，考虑到高管认知和价值观难以观测，继而用人口统计学特征作为高管认知和价值观的替代变量。强调了高管人口统计学特征，如年龄、性别、教育背景等对企业战略和绩效的影响。以高层梯队理论为基础进行的对企业绩效的研究已经相当丰富，例如学者魏立群、王智慧（2005）探究了高管团队整体水平即特征均值对企业多元化战略和绩效的影响。也有学者从高管团队异质性角度出发，研究高管特征差异对企业绩效的作用（姚冰湜、马琳，2015）。除了年龄、性别这些显性特征外，高管团队的职能背景作为高管价值观认知水平的重要形成因素对企业绩效的影响也不容忽视，海外背景、研发经历等变量在解释公司国际化上，要比传统的显性特征更具有说服力，国内学者在整理高管的不同职能背景时发现，海外背景、政治关联均对企业创新战略有显著影响。王雪莉（2013）将外部空降、海外背景、政治背景作为高管的不同职能背景，研究不同职能背景对企业绩效的影响。因此，在海外技术并购中，高管的海外背景对于并购后企业的产业融合、创新产出也会存在影响。

3.2.3 吸收能力理论

在企业并购中，作为知识转移的载体，吸收能力对技术转移后主并企业创新绩效至关重要。关于吸收能力的定义，Cohen 和 Levinthal 于 1990 年首创性地基于企业微观层面提出，吸收能力是企业对外部知识信息和潜在价值识别、获取、认知，并将其转化为自身商业应用的能力。吸收能力越强，对于外部知识商业化程度越高，外部知识对企业绩效的提升越明显。Zahra 和 George（2000）对吸收能力做了进一步细化，认为从吸收能力的过程角度看，吸收能力包括潜在和现实吸收能力，对于外部信息的获取和吸纳能力为潜在吸收能力，转化和利用能力为现实吸收能力。具体地，企业先要识别获取外部信息，进而吸纳，最后将外部知识整合，为企业带来收益。随着创新能力的凸显，学者转而关注用吸收能力对企业创新绩效做出解释。相对于财务绩效，吸收能力对创新绩效的影响更为直接。学者们普遍认为创新能力强的企业大多具有较强的吸收能力（Tsai，2001），对此，学者 Mariano 等通过西班牙 406 家创新性制造企业的数据证明了吸收能力对创新绩效的正效应。在最新研究中，苏皑、康鹏胜（2020）以我国华南地区电制造行业为对象，对吸收能力进行构建，进一步证实了吸收能力对创新绩效的作用。吸收能力对创新绩效的正效应在并购事件中仍然有所体现，吸收能力强的企业在并购中对被并购企业的资源能够快速识别并在并购后转化吸入自己的技术体系，为企业创造经济效益，对并购后的创新绩效产生积极影响，有学者认为该影响还会受到并购经验的调节（Gli S. Jo. & Gunno Park，2006）。在实际度量中，研发投入作为吸收能力的代理变量被大多数学者采用。

第 4 章

海外技术并购前后绩效的对比分析

Chapter 4

4.1　引言

国内外学者对海外技术并购绩效的研究，主要集中在并购能否创造价值、并购能够为谁创造价值和并购如何创造价值这三个核心问题上。虽然对于研究者来说，针对这几个问题的研究以及结论在不同时期有比较大的差异（韩世坤，2002），但是可以确定的是，企业海外技术并购绩效理论与企业海外技术并购的价值创造理论之间有着十分重要的联系（魏成龙、周士元，2013）。也就是说，企业海外技术并购价值创造理论是企业海外技术并购绩效理论的核心。

对海外技术并购绩效的研究结果显示，对于海外技术并购活动中主并企业股东是否能够获得收益，目前还没有一个确定的结论（Cpmpa，Hernando，2004）。在获取并购后企业的管理经验等方面，对主并企业的影响是喜忧参半的（Haleblian，2009）。与他们的研究结果比较相似的是布鲁纳（2002），在其著作《应用兼并与收购》中，他详细梳理了海外技术并购活动的主并企业收益的研究文献，并指出，对于海外企业并购买卖双方财富的联合效应来说，海外技术并购绩效的效应是正的还是负的，目前理论界尚存在争论。

4.2　均值比较与非参数检验

均值是描述数据特征的一个非常重要的指标，在做数据分析的时候，我们经常有必要根据数据分组分别输出数据的均值等描述性统计量，也经常需要对数据进行均值比较，包括样本均值与总体均值比较、独立样本之间均值比较、配对样本之间均值比较等。根据本部分研究的目的，我们需要对并购前后同一家公司的绩效进行差异化分析，也就是分析并购前后绩效均值的差异，因此这种场合适用于均值比较中的配对样本 t 检验，跟所有的假设检验一样，其依据的基本原理是统计学中的“小概率反证法”原理，通过配对样本 t 检验，我们可以实现对成对数据样本的均值比较，其与独立样本 t 检验的区别是两个样本数据的顺序不能调换。均值比较隶属参数检验的范畴，参数检验一般假设统计总体的具体分布形式为已知的，但是我们往往会遇到一些总体分布不能用有限个实际参数来描述或者不考虑被研究的对象为何种分布以及无法合理假设总体分布形式的情形。这时我们就需要放弃对总体分布参数的依赖，去寻求更多的来自样本的信息，基于这种思路的统计检验方法被称为非参数检验。

在利用参数检验进行均值分析的时候，暗含的前提假设是两组样本来自的总体都是服从正态分布的，基于总体正态分布构造和两组样本均值的统计量，进行显著性检验。而非参数检验放宽了总体正态分布的前提条件，适用于在总体分布未知或不服从正态分布情况下的样本均值比较。概括而言，非参数检验相对于参数检验，结果更加稳健，而参数检验比非参数检验更加精确。一般而言，利用非参数检验分析实验数据经常用到 Wilcoxon 符号秩和检验与 Mann- Whitney 秩和检验（U 检验），前者适用于两个相关样本，后者适用于两个独立样本。当然，除了两个样本之外，还有单样本以及多样本检验，表 4-1 详细整理了常用的一些非参数检验方法以及对应检验原假设，同时也给出了它们在分析软件 Stata 中的实现命令。

表 4-1　几种非参数统计显著性检验方法

检验方法	检验内容	Stata 操作命令
Wilcoxon 符号秩和检验	两个配对样本均值是否存在显著性差异	signrank var1 = expression
Mann-Whitney 秩和检验	两个独立样本均值是否存在显著性差异	ranksum var1，by（groupVar）
Spearman 秩相关检验	两个配对样本是否相关	spearman var1 var2…
单样本 Kolmogorov-Smirnov 检验	检验某单个样本是否服从某总体分布	ksmirnov var1 = dist（param）
两样本 Kolmogorov-Smirnov 检验	检验某两个样本是否都服从某总体分布	ksmirnov var1，by（groupVar）
二项分布检验	检验二项分类变量是否来自概率为 P 的二项分布	bitest var1 = x

综上所述，本研究分析并购前后企业绩效的变化属于配对样本均值比较分析，采用参数检验中的配对样本 t 检验分析精度更高，采用非参数检验的 Wilcoxon 符号秩和检验分析稳健性更强，因此以下对于并购前后财务绩效、创新绩效以及股价波动的分析将分别采用这两种均值比较方法。

4.3　主并企业并购前后财务绩效差异化分析

关于海外技术并购的绩效研究，最早是从分析并购前后的财务绩效开始的。国外方面，Leepsa、Mishra（2016）针对 20 世纪 70 年代以来的海外技术并购回报情况做了系列的研究，他们总结的结果显示：在 1975—1978 年，采用投标报价方式的主并企业的资本回报率从 14.7% 提高到了 19.6%。1981—1983 年的类似措施显示企业的资本回报率出现了下降的现象（Herman，Lowenstein，1998），但是参与海外技术并购的企业在并购活动完成之后，这种现象得到了改善。而且除了采用利益集中法的公司之外，海外技术并购后公司的盈利能力也有了显著增强（Ravenscraft，Scherer，1989），主并企业的股东在海外技术并购后流动性得到了增强（Pawaskar，

2001），也就是说，并购发生后公司绩效得到了显著的改善。Carline 等（2004）发现，主并企业、目标企业和并购后的公司在并购活动发生前绩效表现不好的，在并购活动发生后的五年中，其绩效表现往往要比相同条件下没有发生并购活动的公司绩效表现好得多。

Rahman 和 Limack（2004）从长期经营现金流绩效方面入手，对海外技术主并企业的绩效进行了分析，他们发现海外技术主并企业的绩效会因为销售回报（每产生一美元销售收入所带来的现金流）和资产周转率（每一美元资产带来的销售收入）的增加而增加，也就是说，海外技术并购行为会带来长期经营现金流绩效的改善。而且，在并购活动发生后的几年里，企业的平均净营运成本、投资净回报、流动比率、速动比率绩效以及企业的净利润都会有相应的增长（Vanitha & Selvam，2007）。

国内许多学者也对海外技术并购的财务绩效变化进行了足够的关注，得出的结论也不尽相同，原红旗、吴星宇（1997）是较早运用财务指标法对企业海外技术并购绩效进行研究的学者，他们主要通过对公司在海外技术并购前后四个会计指标进行比较，找出对不同指标进行优化的方法，从而得出了海外技术并购行为能为主并企业带来相应收益的结论。陈新元和张田余（1999）通过利用 1997 年中国上市公司并购的数据进行实证研究，对公司并购的绩效问题进行了深入的分析，他们发现公司在海外技术并购后，虽然主并企业的累计超额收益率会出现一定程度的上升，但是对于合并后的企业来说，市场并没有出现不利的反应。万朝龄等（2000）也以市场对海外技术并购行为的反应为切入点进行了研究，他们的结论是市场对企业海外技术并购事件存在强烈的反应，但这些反应都是提前出现的，是对企业并购的市场消化行为，而对其他形式的超额收益来说，反应则不明显。廖理和朱正芹（2003）对 2001 年发生海外技术并购企业的情况进行了考察，重点研究了海外技术并购发生前后主并企业的绩效指标变化，他们的研究结果表明，在海外技术并购之后，企业的盈利能力明显增强，股东权益逐年增加。从财务指标法的研究结果来看，虽然国内外学者由于研究的企业样本和窗口期不同，得到的结论各不相同，但是他们的研究结果显示，对于海外技术并购企业来说，有的企业通过海外技术并购，股东的财富得到了增长，但是，有的企业海外技术并购活动使股东的财富遭受了损失。

部分学者利用会计指标法对海外技术并购绩效进行了对比研究之后发现，有大量证据证明股东必须面对海外技术并购之后，并购绩效出现恶化这一令人失望的现实。他们的研究结果指出，企业进行海外技术并购之后，它们的绩效在一定时期内会出现急剧下降甚至是恶化的局面，而且受市场竞争和技术进步的影响，并购绩效会进一步恶化且很难改进（Parrino-and，Harris，2001；Ghsh，2001；Sharmaandho，2001；Bruner，2004）。在使用 ROE 作为主要研究依据进行比较之后，Bruner（2004）发现主并企业的净资产回报率在并购结束后的年份里呈现不断下降的趋势。这些公司在没有其他影响经营活动绩效的情况下，投标报价比公司利润低 3.1%（Scherer，1987）。主并企业在海外技术并购活动发生期间会获得与控股企业相同的控制权。因此，企业的海外技术并购是零净现值活动（Hesy，1992）。并购之后在 ROE 方面，主并企业会比目标企业的净资产回报率低 2%左右（Dickerson et al.，1997）。由于参与海外技术并购活动的公司利润较低，公司在股票回报率、资产回报率和销售收益率等方面会受到负面的影响（Daga，2007）。另外，Kar 和 Soni（2008）指出，在并购之后，虽然公司营业额增长，企业的经营绩效规模扩大，市场占有份额提高，但是，在利用性能评价等措施对海外技术并购活动进行评估时，发现海外技术并购活动在混合结果时的绩效是下降的。

4.3.1　并购前后财务绩效均值比较

按照既有文献中通常的做法，我们对于财务绩效的衡量采用的指标是

ROE 和 ROA，即净资产收益率和总资产收益率。表 4-2 是关于并购前后企业 ROE 和 ROA 的描述性统计，ROE 样本有 185 个，由于 ROA 数据的缺失，最终的 ROA 样本为 179 个，主要包括并购前后 ROE 与 ROA 的均值和标准差。

表 4-2 并购前后财务绩效均值描述

		均值	样本数	标准差	标准平均误差
配对 1	并购前 ROE	11.133 5	185	11.211 10	0.824 26
	并购后 ROE	7.133 0	185	13.176 30	0.968 74
配对 2	并购前 ROA	8.061 3	179	7.233 42	0.540 65
	并购后 ROA	6.093 4	179	5.544 22	0.414 39

从表 4-2 可以看出，对于海外技术并购的企业而言，无论是 ROE 还是 ROA，并购前的均值都较并购后大，这说明整体来看，并购所导致的财务绩效是退步的，最起码财务绩效并没有因为海外技术并购而取得明显的提升。表 4-3 进一步分析了配对样本前后绩效的相关关系。

表 4-3 配对样本相关系数表

		样本数	相关系数	精确显著性
配对 1	并购前 ROE-并购后 ROE	185	0.295	0.000***
配对 2	并购前 ROA-并购后 ROA	179	0.534	0.000***

注：***表示精确显著性水平 $P<0.01$，**表示 $P<0.05$，*表示 $P<0.10$。余同。

从表 4-3 可以看出，并购前 ROE 和并购后 ROE 的相关系数为 0.295，在 1%的置信水平上显著；并购前 ROA 和并购后 ROA 的相关系数为 0.534，显著性水平也远远低于 1%，这说明并购前后的财务绩效是高度相关的，适合用来做基于配对样本的均值比较。表 4-4 采用了参数检验中的均值比较配对样本 t 检验，从统计上来证明并购前后的绩效差异是否为显著存在的。

表 4-4　配对样本 t 检验

		均值	标准差	标准平均误差	t	自由度	精确显著性（双侧）
配对 1	并购前 ROE-并购后 ROE	4.000 56	14.567 84	1.071 05	3.735	184	0.000***
配对 2	并购前 ROA-并购后 ROA	1.967 87	6.341 79	0.474 01	4.152	178	0.000***

通过 t 检验分析得知，并购前 ROE 和并购后 ROE 存在统计上的显著差异，构造的 t 统计量取值为 3.735，显著性水平远低于 1%，平均来看，并购后的 ROE 相比于并购前的 ROE，减少 4.000 56；并购前 ROA 和并购后 ROA 存在统计上的显著差异，构造的 t 统计量取值为 4.152，显著性水平远低于 1%，平均来看，并购后的 ROA 相比于并购前的 ROA，减少1.967 87；通过配对样本 t 检验分析得知，以 ROE 和 ROA 为代表的财务指标在并购后有了较为显著的减少，海外技术并购并没有带来财务绩效的提升。

4.3.2　并购前后财务绩效非参数检验

采用 Wilcoxon 符号秩和检验的方法对海外技术并购前后两组财务绩效数据进行有无差异的显著性检验，如果两组数据都来自相同的分布，那么海外技术并购对于同一企业的财务绩效是没有显著性影响的，对此，我们提出以下有待检验的统计假设：

H_0：并购前后的财务绩效（ROE 和 ROA）没有差异（并购对于财务绩效没有显著性影响）。

H_1：并购前后的财务绩效（ROE 和 ROA）有差异（并购对于财务绩效存在影响）。

表 4-5 和表 4-6 分别是 ROE 和 ROA 的非参数检验统计表。

表 4-5 ROE 非参数检验统计表

		样本数	秩均值	秩和	Z 值	精确显著性（双侧）
并购前 ROE-并购后 ROE	正秩	117（a）	98.79	11 559.00	-4.054	0.000***
	负秩	68（b）	83.03	5 646.00		
	结	0（c）				
	总数	185				

表 4-6 ROA 非参数检验统计表

		样本数	秩均值	秩和	Z 值	精确显著性（双侧）
并购前 ROA-并购后 ROA	正秩	118（d）	95.36	112 53.00	-4.607	0.000***
	负秩	61（e）	79.62	4 857.00		
	结	0（f）				
	总数	179				

统计结果显示，就财务绩效指标 ROE 而言，在 185 对配对样本当中，并购前 ROE 和并购后 ROE 相比，正秩为 117，也就是说有 117 家企业的 ROE 是并购前大于并购后的；负秩是 68，秩均值相差较大。从显著性统计量来看，精确显著性（双侧）的 P 值为 0.000，这表明在 1%的显著性水平上，拒绝原假设，即并购对于 ROE 存在影响，并购后的 ROE 整体上低于并购前。

就财务绩效指标 ROA 而言，在 179 对配对样本当中，并购前 ROA 和并购后 ROA 相比，正秩为 118，也就是说有 118 家企业的 ROA 是并购前大于并购后的；负秩是 61，秩均值相差较大。从显著性统计量来看，精确显著性（双侧）的 P 值为 0.000，这表明在 1%的显著性水平上，拒绝原假设，即并购对于 ROA 存在影响，并购后的 ROA 整体上低于并购前。

结合上一小节对于财务绩效的参数检验，我们认为海外技术并购的确给企业的财务绩效带来了影响，并且这种影响是负向的，即并购后的财务绩效相比并购前是弱化的。

4.4　主并企业并购前后创新绩效差异化分析

对于知识、技术获取型海外技术并购是否能够提升企业的创新绩效，以及提升企业创新绩效的方法和途径，学术界的分歧仍然比较大。Cohen、Levin（1989），RO、Ller等（2001）的研究表明，在规模经济条件下，由于在海外技术并购后消除了重复的研发工作或者减少了技术升级的投入，企业的效率变得更高。并且在绩效增长的鼓励下，企业会投入更多的资源，通过并购来实现这种知识的转移，从而实现企业持续的创新能力。虽然大部分学者都把研究的焦点集中在海外技术并购对技术产出的积极影响上，但是有一些证据表明对主并企业的技术投入具有负面的影响（Hitt et al.，1996），在企业债务水平很高时，为并购融资而使负债增加可以为这一负面影响做出解释，因为海外并购活动的机会成本和并购后研发活动增加，可能导致资金需求增加，但这些可以使企业具有更强的规避风险的能力。

许多学者认为，创新绩效加速导致的技术加速和对新局面的解决方案的需求，是企业通过海外技术并购的方式获取外部资源和能力的主要动力（Hagedoorn，2002；King et al.，2008）。拥有特定技术的目标企业可以为主并企业提供组织学习多样化知识的机会（Makri et al.，2010）。海外技术并购行为可以使企业更快速地获得自身发展所需要的高水平的专业知识、产品研发技能、企业的组织架构、经验丰富的员工和更为完备的市场网络以及特定的新技术，从而在不断发展变化的竞争环境中具备更强的应对各种挑战的能力（Bower，2001）。因此，将海外技术并购作为战略选择，以获取新的知识和能力已经成为现代企业制度下企业的一种普遍现象，也成为衡量企业是否具有更大发展潜力的标准之一（Uhlebruck et al.，2006）。然而，部分学者在利用实证方法对海外技术并购对创新绩效的影响进行研究时，却得出了相反的结论。Karim 和 Mitchell（2000）发现，在主并企业和目标企业的差异化资源被融合的过程中，企业的创新绩效呈现正的效应。相比之下，Hitt 等（1991，1996）的研究发现，海外技术并购对企业的创新绩效具有负效应。他们认为海外技术并购后企业大量占用了管理者的时间和精力，使他们在新产品和技术研发方面的长期投资行为受到忽略，从而导致企业创新绩效下降。这些相互矛盾的结论，一方面使学术界关于知识、技术获取型海外技术并购是否真正促进企业的创新绩效的分歧长期得不到解决；另一方面，以知识寻求和技术获取为目的的海外技术并购仍然在实践中成了推动企业快速成长的流行战略（McEvily et al.，2004；Kale & Puranam，2004）。

基于此，本节的实证分析将对并购所引起的创新绩效的变化进行分析，通过比较并购前后企业创新绩效的变化，来推断并购事件在其中可能起到的作用。以并购事件为分水岭，分别收集了并购前一年主并企业关于创新绩效的具体表现，以及并购当年和并购后一年主并企业在创新绩效上的表现，借助于参数检验和非参数检验的方法对两者的差异是否在统计上具有显著性进行分析。

4.4.1 并购前后创新绩效均值比较

按照既有文献中对创新绩效度量的通常做法，我们选择了专利申请数作为创新绩效的代理变量。分别收集了并购前一年主并企业专利申请数，以及并购当年和并购后一年专利申请数的平均值，然后进行并购前后的对比分析。表 4-7 是关于并购前后专利申请数的统计性描述，样本数为 185。

表 4-7　并购前后专利申请数的统计性描述

		均值	样本数	标准差	标准平均误差
配对 1	并购前专利申请数	107.706 5	185	518.073 18	38.192 86
	并购后专利申请数	156.119 6	185	831.612 83	61.307 31

从表 4-7 可以看出，对于海外技术并购的企业而言，以专利申请数表示的创新绩效，并购后的均值明显大于并购前，这说明整体来看，并购使创新绩效得到了提升。表 4-8 进一步分析了配对样本前后创新绩效的相关关系。

表 4-8　配对样本相关系数表

		样本数	相关系数	精确显著性
配对 1	并购前专利申请数-并购后专利申请数	185	0.988	0.000***

从表 4-8 可以看出，并购前专利申请数和并购后专利申请数的相关系数为 0.988，在 1%的置信水平上显著，这说明并购前后的创新绩效是高度相关的，适合用来做基于配对样本的均值比较。表 4-9 采用了参数检验中的均值比较配对样本 t 检验，从统计上来证明并购前后的创新绩效差异是否是显著的。

表 4-9　配对样本 t 检验

		均值	标准差	标准平均误差	t	自由度	精确显著性（双侧）
配对 1	并购前专利申请数-并购后专利申请数	-48.413 04	329.108 79	24.262 22	-1.995	184	0.047**

通过 t 检验分析得知，并购前的专利申请数和并购后的专利申请数存在统计上显著的差异，构造的 t 统计量取值为-1.995，在 5%的置信水平上显著，平均来看，并购后的专利申请数相比于并购前的专利申请数，增加了约 48.4。通过配对样本 t 检验分析得知，海外技术并购带来了较为显著的创新绩效的提升。

4.4.2 并购前后创新绩效非参数检验

沿用前文介绍的非参数检验的方法，采用 Wilcoxon 符号秩和检验方法对海外技术并购前后两组创新绩效数据进行有无差异的显著性检验，如果两组数据来自相同的分布，那么说明并购前后的创新绩效没有受到并购事件的显著影响，对此，我们提出以下有待检验的统计假设：

H_0：并购前后的创新绩效（专利申请数）没有差异（并购对于创新绩效没有显著性影响）。

H_1：并购前后的创新绩效（专利申请数）有差异（并购对于创新绩效存在影响）。

表 4-10 为专利申请数非参数检验统计表。

表 4-10　专利申请数非参数检验统计表

		样本数	秩均值	秩和	Z 值	精确显著性（双侧）
并购前专利申请数-并购后专利申请数	正秩	68（a）	70.63	4 802.50	−3.738	0.000***
	负秩	101（b）	94.68	9 562.50		
	结	16（c）				
	总数	185				

统计结果显示，就专利申请数而言，在 185 对配对样本当中，并购前专利数和并购后专利数相比，正秩为 68，也就是说有 68 家企业的专利申请数是并购前大于并购后的；负秩是 101，秩均值相差较大。从显著性统计量来看，精确显著性（双侧）的 P 值为 0.000，这表明在 1%的显著性水平上拒绝原假设，即并购对于专利申请数产生了影响，并购后的专利申请数整体上高于并购前。

结合上一小节对于创新绩效的均值比较分析，我们认为海外技术并购整体上对企业创新绩效带来影响，并且这种影响是积极的，即并购后的创新绩效相比并购前有所提高。

4.5　主并企业并购前后股票价格差异化分析

对于企业发生海外技术并购带来的公司股价变动的研究，是从对其股东财富变化进行研究的基础上发展起来的。对这一问题开展研究比较早的是 Nusret Cakici、Chris Hessel、Kishore Tandon（1996），他们考察了 1983—1992 年以美国公司为并购目标的 195 家外国公司在进行了海外技术并购活动之后，股东财富收益的变化情况，他们发现，日本、英国、澳大利亚和荷兰的主并企业在并购了美国的公司之后，其股东都能够获得显著的收益。主并企业的超额收益与标的公司对于并购的相对规模、市场开放的程度或目标企业的研发能力和强度无关，与行业和汇率变动情况也没有关系。他们的研究进一步表明，海外技术并购企业股东财富的增加，主要是来自股价上升，而股东财富的增加，反过来又刺激了公司股票在市场上的供求关系，从而带来公司股价的进一步走强。与之相对应的是，Doukas 和 Travlos（1988）以美国的跨国公司进行的海外技术并购为例，研究了海外技术并购对主并企业的股票收益的影响，Hams 和 Ravenscraft（1991）及 Cakici 等（1991）考察在美国的外国并购对美国目标企业股票回报的影响，他们的研究也都支持了 Nusret Cakici 等人的观点。

随着对企业海外技术并购绩效和股价变动的影响研究的不断深入，大量的实证证据对海外技术并购能为企业的股价变动带来正效应提供了支持。Nusret Cakici、Chris Hessel 等（1996）根据海外技术并购中公司的起源国、企业所处行业、标的公司的相对规模、主并企业在国外市场中产品的销售比例、税收环境等因素对企业海外技术并购活动对股价变动影响的影响进行了分析，他们指出，在海外技术并购活动发生的（-10，10）天之内，主并企业的股价发生了积极和显著的异常回报，这一变动的平均值达到了 2%。

另外，部分学者对海外技术并购企业股价回报方面进行了研究。这些研究证实，主并企业和目标企业的股东都可以通过海外技术并购获得积极回报，目标企业的股东从投标报价产生的溢价中获得明显的累计超额收益（Dodand，Ruback，1977；Moeller et al.，2004）。Loderer 和 Martin（1992），Fredrikslust 等（2005）对发生海外技术并购企业的股东的累计超额收益进行了统计分析，结果显示，海外技术并购对于主并企业和目标企业的股东都表现出了正的累计超额收益，并且股东的目标收益率、主并企业收益和总收益都表现为正，这种正收益在市场上会引起投资者的关注，并带来公司股价的上涨。

Doukas 和 Travlos（1988）在通过考察海外技术并购活动中对美国投标公司股价的财富效应来反向研究外国直接投资时发现，对美国公司发起海外技术并购的公司的收益要比在它们国内发起的并购行为的收益高得多，这些收益与美元疲软、支付方式、市场竞争的程度和目标企业的研发能力以及可持续发展能力呈正相关关系。这一结论也表明了在对美国公司进行的海外技术并购活动中，股价的变动是一个重要的影响因素。

在纵向的企业海外技术并购活动中，公司股价变动和股东的财富效应等方面也存在着显著的、积极的正相关关系，这与海外企业并购所受到的经济环境等冲击相对一致，这种冲击既影响企业进行纵向合并和整合的动机，也影响这种并购所带来的效益收益，即股价变动会使股东财富发生变化（Fan，Goyar，2002）。Dutta 和 Jog（2009）认为，在海外技术并购活动的整合完成之后，主并企业长期享有正的累计超额收益，市场会对短期内发布并购公告的反应做出合理的调整，这种调整在以后的长期经营中，对股价变动的影响是可以预期的。Kumar、Panneerselvam（2009）指出，在公告期内，如果海外技术并购产生的积极净现值用于目标企业的话，会推动公司股价上涨，进而使股东得到积极的回报。

沈芳艳（2017）以中国上证 A 股上市公司发起的海外技术并购案例作

为切入点，通过事件法对海外技术并购企业的股票在市场上的信息进行了梳理，她的研究发现，企业在海外技术并购之后，股价在市场上的反应与累计超常收益率呈正相关关系，一般来说，中国的民营企业在海外技术并购发生之后，都会产生较为积极的累计超额收益率，也就是说，在累计超额收益率微整的情况下，发生海外技术并购企业的股价一般情况下都会产生积极的变化。陈信元和张田余（1999）通过对 1997 年中国 A 股上市公司海外技术并购的研究发现，发生海外技术并购企业股票的累计超额收益率在公开了海外技术并购的公告以后，上涨的现象十分明显。

上述诸多研究证实并购前后股价会有显著的变化，基于这些文献梳理与总结，我们认为海外技术并购前后股价会有显著的波动，并且这种波动是呈上扬趋势的。

4.5.1　并购前后股价均值比较

本节关于股价的变化分析是基于并购前后主并企业在股票市场的表现而言的，首先收集了并购公告发布或者主并企业停盘前 30 天股价的累计增幅，其次收集了并购完成后或者主并企业复盘后 30 天股价的累计增幅。表 4-11是关于并购前后企业股价的描述性统计。

表 4-11　并购前后企业股价的描述性统计

		均值	样本数	标准差	标准平均误差
配对 1	并购前股价	1.483 5	185	13.416 73	0.986 42
	并购后股价	4.543 2	185	23.154 18	1.702 33

从表 4-11 可以看出，对于海外技术并购的企业而言，并购前 30 天股价累计增幅平均值为 1.483 5，而并购后这一数值为 4.543 2，并购前后差距较大。这说明整体来看，并购前后股价累计增幅是有明显差别的。表 4-12 进一步分析了配对样本前后股价波动的相关关系。

表 4-12 并购前后股价波动相关系数

		样本数	相关系数	精确显著性
配对 1	并购前股价	185	0.177	0.016**
	并购后股价			

从表 4-12 可以看出，并购前 30 天股票累计增幅和并购后 30 天的股票累计增幅的相关系数为 0.177，精确显著性 P 值为 0.016，这说明并购前后的股价波动是显著相关的，适合用来做基于配对样本的均值比较。表 4-13 采用了参数检验中的均值比较配对样本 t 检验，从统计上来证明并购前后的绩效差异是否是显著的。

表 4-13 配对样本 t 检验

		均值	标准差	标准平均误差	t	自由度	精确显著性（双侧）
配对 1	并购前 ROE-并购后 ROE	-3.059 76	24.618 43	1.809 98	-1.690	184	0.093*

通过 t 检验分析得知，并购前的股价波动和并购后的股价波动存在统计上的显著差异，构造的 t 统计量取值为-1.690，显著性水平低于 10%，平均来看，并购后的 ROE 相比并购前的 ROE，涨幅增加了 3.059 76。通过配对样本 t 检验得知，海外技术并购对主并企业的股价波动产生了显著的影响，并购后，股价累计涨幅更高，并购对于主并企业的市场表现具有积极的影响。

4.5.2 并购前后股价非参数检验

沿用前文介绍的非参数检验的方法，采用 Wilcoxon 符号秩和检验方法对海外技术并购前后股价波动数据进行有无差异的显著性检验，对此，我们提出以下有待检验的统计假设：

H_0：并购前后的股价累计增幅没有差异（并购对于股票市场表现没有显著性影响）。

H_1：并购前后的股价累计增幅有差异（并购对于股票市场表现存在影响）。

表 4-14 为股价累计增幅非参数检验统计。

表 4-14　股价累计增幅非参数检验统计

		样本数	秩均值	秩和	*Z* 值	精确显著性（双侧）
并购前股价增幅-并购后股价增幅	正秩	85（a）	90. 48	7 690. 50	-1. 133	0. 257
	负秩	99（b）	94. 24	9 329. 50		
	结	1（c）				
	总数	185				

统计结果显示，并购前股价增幅和并购后股价增幅相比，正秩为 85，负秩为 99，也就是说有 99 家企业在并购后股价表现得更好，有 85 家企业在并购后股价表现得更差。从显著性统计量来看，精确显著性（双侧）的 *P* 值为 0. 257，没有通过显著性检验，没有足够的证据拒绝原假设，即并购对于股价波动没有产生显著性影响。

上一小节采用均值比较的方法，得出的结论是并购前后股价波动存在显著的变化，而采用更为稳健的非参数检验以后，并不能检验出显著的差异。结合这两种分析结果，我们认为并购前后，股价波动产生了变化，但并不是特别显著，这种差异可能是由随机误差引起的。

第 5 章

主体特征对并购后短期股票价格变化的影响分析

Chapter 5

5.1　并购主体特征因素（因子）分析

海外技术并购绩效的影响因素众多，本章研究主要关注的是主并企业自身特征因素，除此之外，并购绩效还受到包括公司所处行业特点、并购类型、支付方式、文化差异等外部因素的影响。可以说海外技术并购绩效是外部和内部因素共同作用的结果。本研究所探讨的公司内部因素主要指的是公司的特征变量，通过对文献的归纳，我们发现这些特征因素有的对应的是多维度的指标，有的对应的是单一维度的指标。在此首先对这些因素进行总结和说明。通过文献梳理，本研究将多维度的特征因素归纳为三个方面：①反映公司规模的指标，如公司总资产、无形资产、资产负债率；②反映公司经营情况的指标，如净利润、营业利润、自由现金流、营业收入等；③反映公司治理结构的指标，如董事会规模、独立董事占比；④反映公司并购经验的指标，如并购次数、并购时成立时间等。除了这些多维度变量以外，还有一些可能影响公司并购前后绩效变化的单一维度，如公司性质（国有企业或民营企业）、交易规模（是否是高科技行业）、公司成长能力、股权结构（前五大股东持股比例）等，见表 5-1。

表 5-1　主体特征因素汇总

	因素类别	指标选择	指标定义
多维度	公司规模	公司总资产	并购前一年公司资产规模
		无形资产	并购前一年公司无形资产规模
		资产负债率	并购前一年公司负债占公司资产比重

续表

	因素类别	指标选择	指标定义
多维度	经营情况	净利润	并购前一年公司净利润总额
		营业利润	并购前一年公司营业利润总额
		自由现金流	并购前一年公司自由现金流总额
		营业收入	并购前一年公司营业收入总额
	治理结构	董事会规模	公司董事会人数
		独立董事占比	并购前一年公司独立董事占全部董事的比例
	并购经验	并购次数	该并购前主并企业已经发生的累计并购次数
		并购时成立时间	并购发生距离公司成立的时间
单一维度	公司性质	是否是国有企业	二值变量，国有企业为1
	交易规模	交易价值	并购标的资产价值
	股权结构	股权集中度	并购前一年公司前五大股东持股比例

5.1.1 指标数据标准化处理

不同的指标由于量纲不同，无法放在统一的标准下进行对比，更不能直接进行线性运算，因此往往需要对不同量纲和类型的指标进行标准化处理。标准化处理的方法很多，如线性比例变换法、极差变换法、向量归一化、标准样本变换法等。本书在对多维的主体特征因素进行整理时，采用了标准样本变换法，经过变换后的指标数据，其均值为0，标准差为1，在此基础上进行后续的降维处理。

5.1.2 多维度指标降维处理

对于单一维度指标，在回归分析时直接纳入计量模型即可。而对于多维度指标，它们之间往往存在较强的相关性，如果直接针对每个指标进行分析，工作量会非常大。而且由于它们之间存在很强的相关性，会出现多重共线性问题。分析这种问题时，主要有三种思路：①削减指标的个数，但这种做法往往会造成信息的丢失，不能对一个维度进行全面的测量；②

将指标的取值进行加权平均，但这样也会在很大程度上丧失信息，而且我们也无法得出算出来的加权平均值多大程度地能够替代原有若干个指标的信息；③采用因子分析的方法将指标项进行降维，将若干个指标归结于少数几个因子，再进行后续的分析，这种方法可以较好地防止信息的丢失。因此，本研究最终选用了因子分析的方法，因子分析的最大优点就是以最少的信息丢失为前提，尽可能地减少变量的个数。就本研究而言，在测度海外技术并购主并企业基本特征的时候，构建了包含四个方面的 11 个指标，但这种分类是作者基于既有的文献和对相关指标的概念与内涵的理解而进行的主观上的分类，对于是否反映了变量之间的真实相关关系还不得而知，因此针对这 11 个指标变量首先进行基于因子分析的降维处理。

在因子分析中，一般采用 KMO 抽样适度测定值和 Bartlett's 球形检验值来判定是否适合做因子分析，KMO 检验统计量是用于比较变量间简单相关系数和偏相关系数的指标，主要应用于多元统计的因子分析，KMO 统计量取值在 0 和 1 之间。Bartlett's 球形检验用于检验相关阵中各变量间的相关性，是否为单位阵，若拒绝原假设，则说明可以做因子分析，若不拒绝原假设，则说明这些变量可能独立提供一些信息，不适合做因子分析。关于这一分析，结果如表 5-2 所示。

表 5-2　KMO 和 Bartlett's 球形检验

KMO 抽样适度测定值		0.755
Bartlett's 球形检验	卡方值	3 248.610
	自由度	55
	精确显著性	0.000

从分析结果得知，这 11 个指标的 KMO 抽样适度测定值为 0.755，一般认为该值如果大于 0.5，则该数据可用于因子分析，该值越接近于 1，变量之间的相关性越强，因子分析的效果越好。Bartlett's 球形检验卡方值为 3 248.610，精确显著性值 $P<0.01$，拒绝原假设，适合做因子分析。因子

分析总方差解释如表 5-3 所示。

表 5-3　因子分析总方差解释

成分	初始特征值		
	特征值	方差百分比（%）	累计方差百分比（%）
1	4.763	43.301	43.301
2	1.751	15.923	59.224
3	1.174	10.676	69.900
4	1.085	9.861	79.761
5	0.937	8.516	88.276
6	0.678	6.166	94.443
7	0.445	4.041	98.484
8	0.110	0.996	99.480
9	0.047	0.425	99.906
10	0.010	0.093	99.999
11	8.73×10^{-5}	0.001	100.000

因子分析总方差解释的主要作用是通过初始特征值和方差百分比来确定因子的个数。进行因子分析时一般选择特征值大于 1 的数据作为提取因子个数的依据，在本部分分析中，第一个因子的特征值是 4.763，方差百分比和累计方差百分比都是 43.301%；第二个因子的特征值是 1.751，方差百分比为 15.923%，累计方差百分比为 59.224%；第三个因子的特征值是 1.174，方差百分比为 10.676%，累计方差百分比为 69.900%；第四个因子的特征值是 1.085，方差百分比为 9.861 %，累计方差百分比为 79.761%。这四个因子解释了所有 11 个变量近 80%的信息，并且只有这四个因子的特征值大于 1，因此我们选择用处理后的这四个因子来代表原来 11 个变量的信息，虽然损失了 20%的信息，但变量个数有了大幅度的缩减，并且同时避免了变量之间较强相关关系所带来的多重共线性问题。

表 5-4 为旋转后因子载荷矩阵。

表 5-4　旋转后因子载荷矩阵

原始变量	因子			
	1	2	3	4
Zscore（并购时成立时间）	-0.160	0.381	-0.139	0.575
Zscore（并购次数）	0.015	-0.024	-0.147	0.882
Zscore（营业利润）	0.960	0.250	0.070	0.015
Zscore（净利润）	0.966	0.224	0.064	0.011
Zscore（营业收入）	0.976	0.029	0.043	-0.002
Zscore（自由现金流）	-0.385	-0.773	-0.171	-0.091
Zscore（董事会规模）	0.226	0.305	0.749	0.059
Zscore（独立董事占比）	0.016	0.086	-0.865	0.154
Zscore（无形资产）	0.958	0.023	0.053	0.026
Zscore（资产负债率）	-0.102	0.610	0.374	0.397
Zscore（企业总资产）	0.454	0.776	0.179	0.103

从表 5-4 中数据看出，第一个因子在四个原始变量上有较大的载荷，分别是营业利润、净利润、营业收入和无形资产，载荷系数都大于 0.950，说明这一因子主要反映了这四个变量的信息量，根据这四个变量的含义，我们认为这一因子主要反映了企业在经营状况上的表现，因此我们将这一因子概括为经营状况因子；第二个因子分别在三个变量上有较大载荷，分别是自由现金流的-0.773，资产负债率的 0.610 以及企业总资产的 0.776，我们将这一因子概括为企业规模因子；第三个因子在两个变量上有较大载荷，分别是董事会规模的 0.749，以及独立董事占董事会规模的-0.865，我们将这一因子概括为治理结构因子；第四个因子反映的是并购时成立时间和并购次数方面的信息，载荷分别是 0.575 和 0.882，因此我们将这一因子概括为并购经验因子。至此，我们总共得到了有关并购企业主要特征的四个方面的因子，分别是经营状况因子、企业规模因子、治理结构因子以及并购经验因子，结合上述变量描述中的单一维度指标，总共得到了 7 个反映企业特征的变量，基于这 7 个变量将进行后续的因果关系分析。

5.2 理论分析与研究假设

到目前为止，对企业并购与短期股价关系的研究还比较少，这其中鲜有直接关注海外技术并购的，因此本部分内容是本研究的主要创新内容。对于企业发生海外技术并购带来的公司股价变动的研究，是从对其股东财富变化进行研究的基础上发展起来的。对这一问题开展研究比较早的是 Nusret Cakici、Chris Hessel、Kishore Tandon（1996），他们考察了 1983—1992 年以美国公司为并购目标的 195 家外国公司在进行了海外技术并购活动之后，股东财富收益的变化情况，他们发现，日本、英国、澳大利亚和荷兰的主并企业在并购了美国的公司之后，其股东都能够获得显著的收益。主并企业的超额收益与标的公司对于并购的相对规模、市场开放的程度或目标企业的研发能力和强度无关，与行业和汇率变动情况也没有关系。他们的研究进一步表明，海外技术并购企业股东财富的增加，主要是来自股价上升，而股东财富的增加，反过来又刺激了公司股票在市场上的供求关系，从而带来公司股价的进一步走强。与之相对应的是，Doukas 和 Travlos（1988）以美国的跨国公司进行的海外技术并购为例，研究了海外技术并购对主并企业的股票收益的影响，Hams 和 Ravenscraft（1991）和 Cakici 等（1991）考察在美国的外国并购对美国目标企业股票回报的影响，他们的研究也都支持了 Nusret Cakici 等人的观点。

随着对企业海外技术并购绩效和股价变动的影响的研究的不断深入，大量的实证证据对海外技术并购能为企业的股价变动带来正效应提供了支持。Nusret Cakici、Chris Hessel 等（1996）根据海外技术并购中公司的起源国、企业所属行业、标的公司的相对规模、主并企业在国外市场中产品的销售比例、税收环境等因素对企业海外技术并购活动对股价变动的影响的影响进行了分析，他们指出，在海外技术并购活动发生的（-10，10）天之内，主并企业的股价发生了积极和显著的异常回报，这一变动的平均值达到了2%。

另外，部分学者从海外技术并购企业股价回报方面进行了研究。这些研究证实，主并企业和目标企业的股东都可以通过海外技术并购获得积极的回报，目标企业的股东从投标报价产生的溢价中获得明显的累计超额收益（Dodand，Ruback，1977；Moeller et al.，2004）。Loderer 和 Martin（1992）、Fredrikslust 等（2005）通过对发生海外技术并购企业的股东的累计超额收益进行了统计分析，结果显示，海外技术并购对于主并企业和目标企业的股东都表现出了正的累计超额收益，并且股东的目标收益率、主并企业收益和总收益都表现为正，这种正收益在市场上会引起投资者的关注，并带来公司股价的上涨。

Doukas 和 Travlos（1988）在通过考察海外技术并购活动中对美国投标公司股价的财富效应来反向研究外国直接投资时发现，对美国公司发起海外技术并购的公司的收益要比在它们国内发起的并购行为的收益高得多，这些收益与美元疲软、支付方式、市场竞争的程度和目标企业的研发能力以及可持续发展能力呈正相关关系。这一结论也表明了在对美国公司进行的海外技术并购活动中，股价的变动是一个重要的影响因素。

在纵向的企业海外技术并购活动中，公司股价变动和股东的财富效应等方面也存在着显著的、积极的正相关关系，这与海外企业并购所受到的经济环境等冲击相对一致，这种冲击既影响企业进行纵向合并和整合的动机，也影响这种并购所带来的效益收益，即由于股价变化带来的股东财富的变化（Fan，Goyar，2002）。Dutta 和 Jog（2009）认为，在海外技术并购活动的整合完成之后，主并企业长期享有正的累计超额收益，市场会对短期内发布并购公告的反应做出合理的调整，这种调整在以后的长期经营中，对股价变动的影响是可以预期的。Kumar、Panneerselvam（2009）指出，在公告期内，如果海外技术并购产生的积极净现值用于目标企业的话，会推动公司股价上涨，进而使股东的价值得到积极的回报。

沈芳艳（2017）以中国上证 A 股上市公司发起的海外技术并购案例作为切入点，通过事件法对海外技术并购企业的股票在市场上的信息进行了梳理。她的研究发现，企业在海外技术并购之后，股价在市场上的反应与累计超额收益率呈正相关关系，一般来说，中国的民营企业在海外技术并购发生之后，都会产生较为积极的累计超额收益率，也就是说，在累计超额收益率微整的情况下，发生海外技术并购企业的股价一般情况下都会产生积极的变化。陈信元和张田余（1999）通过对 1997 年中国 A 股上市公司海外技术并购的研究发现，发生海外技术并购企业股票的累计超额收益率在公开了海外技术并购的公告以后，上涨的现象十分明显。

在对海外技术并购对公司股价影响的研究中，也有一些证据证明企业的海外技术并购行为对公司股价的影响是负面的。Hopkins（2008）指出，当企业发生海外技术并购活动后，没有达到预期的财务目标，或者没有达到管理层的总目标时，受并购中溢价支出的影响，公司的股价会受到负面的影响。Vande、Ven（1998）发现企业海外技术并购的绩效和公司股价的变动与主并企业管理层的关系非常紧密，当公司管理层出现傲慢现象时，技术、组织结构、运营管理的整合会受到管理层的影响，从而导致公司的并购绩效和公司股价受到影响。

另外一部分学者认为，在研究海外技术并购对公司股价的影响时，进行评估的时间范围也是一个重要的影响因素（H. Donald Hopkins，2008），对海外技术并购公告前后股价短期变动的研究表明，在海外技术并购公告之后，短期内目标企业的股价会上升，而主并企业的股价则不会有太大的波动，甚至有相当部分公司的股价出现了下降的现象。江斌（2002）研究了企业海外技术并购行为发生时与公司价值和股价之间的关联关系，他发现由于机构投资者对企业的海外技术并购行为更为关注，对由海外技术并购带来的影响能够做出更为合理的反应，因此，对公司股价的变动就更加敏感。李善民和朱滔（2004）对中国沪深两市部分进行海外技术并购的公司进行了实证研究，他们的研究结果表明，大部分主并企业的股东财富在并购后 3 年内有明显的损失，这种损失与公司股价的变动呈反比关系。

一些学者利用股价为控制变量研究企业并购和经济增长时发现，企业的海外技术并购行为与相关公司股票在市场上的表现紧密相关。Shleaverand、Vishny（2003）的结论是，如果公司股价过高的话，企业可以股份作为一种支付形式进行海外技术并购。Clarke（2010）通过对英国跨国公司海外技术并购活动的分析，发现股价导致的海外技术并购行为有明显的增加。Bogdan（2009）在前人研究的基础上，使用格兰杰因果关系检验以及海外技术并购行为的数量和价值研究英国公司进行国内并购和海外技术并购之间的关系，发现了它们之间存在单向因果关系，在此基础上他指出，这种由高股价引起的海外技术并购行为，会导致企业在进行海外技术并购时，支付更多的并购溢价，而这部分支出往往会导致企业绩效下降，从而公司股价出现下降的情况。

Shun-Jen Hsueh 等（2014）使用了六个亚太经合组织成员 1980—2010 年的季度数据对海外技术并购对股价的影响进行了研究，他们发现除了澳大利亚之外，所有国家样本的海外技术并购活动都由公司股价主导。除日本外，经济增长与海外技术并购活动之间没有明显的领先—滞后关系，股价和海外技术并购行为不能同时促使经济增长，也就是说，当国家为刺激经济增长而鼓励企业进行海外技术并购时，往往会导致公司的股价首先被压低。

基于上述的文献回顾以及对于本研究提取的影响因素与股价变化的直觉判断，构建了以下有待检验的研究假设：

H_1：主并企业在经营方面的特征因素对于并购后的股价变化具有正向影响作用。

H_2：主并企业的并购经验对于并购后的股价变化具有影响作用。

H_3：主并企业的治理结构对于并购后的股价变化具有正向影响作用。

H_4：主并企业的股权集中度对于并购后的股价变化具有正向影响作用。

5.3　变量与模型

对于短期股价的影响分析，变量从总体上包括被解释变量、解释变量、调节变量以及控制变量，以下分别对这几种变量进行具体的阐述。

（1）被解释变量。既有的关于我国上市公司海外技术并购的绩效研究中，较少涉及主并企业股票市场表现。本研究对并购后短期股价的分析是主要创新点之一，在这一过程中对于股价的测度是关键的技术问题所在。我们在本研究中的具体测度描述如下：首先收集了主并企业并购公告发布前30天的平均股价，其次收集了并购复盘后30天的平均股价，基于两个平均股价计算出并购后与并购前的股价累计增跌幅，以此来表示股价变化。

（2）解释变量。解释变量是反映主并企业主要特征的因子变量，分别是经营状况因子、企业规模因子、治理结构因子和并购经验因子，这四个因子反映的是11个原始指标的绝大部分信息，能够在较高程度上反映企业的全面特征。

（3）调节变量。股价除了受主并企业主体特征的影响之外，还在很大程度上受股票整体走势的影响，考虑到我国股票市场不够成熟，羊群效应显著，因此有必要将反映市场行情的指标纳入分析模型当中。我们首先收集了并购公告发布前30天的大盘平均指数，然后整理了并购复盘后30天的大盘平均指数，基于这两个平均指数计算出并购前后大盘指数上升或者下降的比例，以此来表示股票市场整体走势。

（4）控制变量。根据以往研究总结，本研究选取的主要控制变量是公司性质、交易规模和股权结构。公司性质主要是指主并企业是否属于国有企业，有大量的研究表明具有政治关联的企业的并购绩效表现得更好，国有企业相比民营企业具有更加丰富的社会资源和市场资源，且在我国股票市场属于“政策市”的情境下，具有国有企业背景的公司，并购后的股票市场表现可能更加突出。交易规模指的并购交易公告披露的并购总价的对数表示。对于技术并购而言，交易规模越大，说明被并企业的技术知识能力越有价值，从而影响企业的创新产出和市场表现。股权结构主要指的是公司前五大股东持股比例，是上市公司股权集中度的常用指标，基于委托代理理论、利益相关者理论和资源基础理论，控股股东由于追求自身利益最大化，并且我国上市公司内外部治理机制以及对中小投资者保护措施尚不完善，控股股东通过海外技术并购谋求控制权，侵占小股东利益，更容易操纵股价走势。

本研究采用多元回归分析方法，建立如下关于因变量和自变量的多元线性回归模型：

$$y=\beta_0+\beta_1 Factors+\beta_2 X+u \tag{5-1}$$

$$y=\beta_0+\beta_1 Factors+\beta_2 Market+\beta_3 X+u \tag{5-2}$$

5.4　实证结果分析

5.4.1　主并企业特征与股价变动的关系

为了进一步验证前文提出的假设，本研究运用 Spss19.0 进行回归分析，分析结果见表 5-5。

表 5-5　主并企业特征因素与股价变动关系的回归分析

模型	(1)	(2)	(3)	(4)
经营状况因子	-0.005 (0.941)		-0.119 (0.301)	
企业规模因子	-0.031 (0.679)		-0.126 (0.322)	
治理结构因子	0.144** (0.050)		0.113* (0.078)	0.136* (0.062)

续表

模型	(1)	(2)	(3)	(4)
并购经验因子	-0.058 (0.428)		-0.189* (0.054)	-0.158** (0.046)
企业性质		-0.016 (0.860)	0.019 (0.998)	
交易规模		-0.002 (0.998)	0.043 (0.659)	
股权集中度		0.135* (0.104)	0.353** (0.023)	0.179** (0.071)
样本数	185	164	164	178
拟合度（R^2）	0.159	0.133	0.256	0.312

上表中的模型（1）~模型（4）是关于主并企业特征因素与股价变动之间的回归分析。模型（1）首先考虑通过上述章节归纳总结的四个特征因子与股价的关系进行回归分析，结果显示治理结构因子对于并购前后股价的变动具有一定的解释作用，该影响因素在5%的置信水平上通过显著性检验。经营状况因子、企业规模因子和并购经验因子对于股价变动并没有显著的影响作用。该模型的回归拟合优度是0.159，样本数是185。模型（2）考虑了三个控制变量的影响作用，结果显示股权集中度对于股价变动存在显著影响，在10%的置信水平上边际显著，是否为国有企业以及交易规模大小对于股价变化在统计上没有显著影响，由于交易规模数据的缺失，该回归模型的样本数为164家，回归拟合优度为0.133。模型（3）将特征因子和控制变量同时纳入回归模型中，结果显示治理结构因子、并购经验因子和股权集中度都存在显著的影响，该模型的拟合优度进一步得以提升，为0.256。模型（4）将前面模型中对被解释变量存在显著影响的三个因子作为全部解释变量进行回归，回归拟合优度为0.312，样本数为178。

通过四个回归模型，我们得出的主要结论是：第一，治理结构因子对并购后股价的变动具有显著影响，并且为正向影响，也就是说治理结构因子得分越高，并购企业并购后股价（30 天平均值）相比并购前（30 天平均值）涨幅越大。从因子分析的载荷矩阵得知，治理结构因子与企业董事会规模成正比，与独立董事占比成反比，换言之，企业董事会规模越大，独立董事占比越小，并购后股价涨幅越大。第二，并购经验因子对并购后股价的变动具有显著的负向影响，并购经验因子得分越高，并购企业并购后的涨幅越小，并购经验因子主要反映了企业在并购时成立时间和并购次数上的信息，并购时成立时间和并购次数对于股价变动存在负向影响。第三，股权集中度对于并购前后股价变动存在积极影响，具体而言，前五大股东持股比例越高，并购后股价上涨幅度越大，这也从一定程度上说明，相对集中的股权结构更利于操作股价，影响股票市场的短期表现，从而实现资本投机。

5.4.2　市场行情对主并企业特征与股价变动关系的影响

在上一节的分析中，我们通过多个模型实证检验了海外技术并购企业主体特征对于并购前后股价短期变动的影响，结果显示主并企业董事会规模、独立董事占比、并购时成立时间、并购次数和股权集中度在不同程度上对股价变动存在影响。然而，我国的股票市场相比国际发达地区还不够完善，从我国股票市场成立以来，已经发生过近 10 次较大规模的暴涨暴跌，可以说我国股票市场的价格走势除了受上市公司基本面影响外，还在极大程度上受整体市场行情的影响。就研究海外技术并购的绩效和股价变动而言，由于并购事件往往不是短期内就结束的，短的几个月，长的一两年甚至更久，并购前后的股价不可避免地受到当时市场整体行情的影响，而市场行情由于时间跨度的原因，往往会发生较大的变化。因子分析并购前后股价变动时，有必要将市场行情因子考虑到分析模型当中。一方面，市场行情因素会直接影响上市公司的股价变动；另一方面，市场行情对于企业特征因素与股价变动的关系还可能存在调节作用（见表 5-6）。因此，在这一部分的分析中，我们将市场行情因子纳入回归模型中，并检验了其对四个特征因子的调节作用。

表 5-6　市场行情对主并企业特征与股价变动关系的调节作用

模型	(5)	(6)	(7)	(8)
企业性质	-0.017 (0.760)	-0.020 (0.779)	-0.019 (0.740)	-0.021 (0.679)
交易规模	-0.004 (0.995)	-0.008 (0.992)	-0.005 (0.995)	-0.007 (0.990)
股权集中度	0.138* (0.095)	0.131* (0.099)	0.143* (0.089)	0.130* (0.099)
经营状况因子	-0.119 (0.301)			
企业规模因子		-0.126 (0.322)		
治理结构因子			0.045* (0.080)	
并购经验因子				-0.148** (0.076)
市场行情	0.726** (0.012)	0.774** (0.028)	0.672** (0.034)	0.585** (0.048)
经营状况因子×市场行情	0.015 (0.741)			
企业规模因子×市场行情		0.118 (0.342)		
治理结构因子×市场行情			-0.095* (0.088)	
并购经验因子×市场行情				0.121* (0.085)
样本数	164	164	164	164
R^2	0.159	0.133	0.256	0.312

从表 5-6 模型（5）中可以看出，市场行情对于并购企业股价变动存

在显著影响，且影响为正向，也就是说，如果并购事件发生前后的市场行情有了较大幅度的上涨，那么会引起并购企业股价相应有较大幅度的上涨。此外，市场行情对于主并企业的经营状况因子没有调节作用。模型（6）~模型（8）分别考虑了市场行情对于企业规模因子、治理结构因子和并购经验因子的调节作用，结果显示市场行情对于治理结构因子存在显著的负向调节作用，也就是说市场行情会削弱治理结构因子对于股价波动的正向影响作用；市场行情对于并购经验因子存在显著的正向调节作用，在不考虑市场行情的情况下，并购经验因子对于股价波动具有负向影响，而在市场行情上扬的情况下，并购经验因子的负向影响作用会被弱化。

第 6 章

主体特征对并购后创新绩效的影响分析

Chapter 6

6.1 理论分析与研究假设

对企业海外技术并购创新绩效的研究，主要源自对企业海外技术并购动机的分析。实现规模效应、协同发展、多元化经营等目标是早期企业进行海外技术并购的主要动机。但是，随着国际经济和市场一体化的发展，想要在激烈的全球市场中生存和发展，以创新能力为代表的企业核心技术的提高成了企业最为关注的问题。一般来说，企业的核心技术主要包括企业对产品和技术的研发能力、品牌商誉、组织架构、管理经验和渠道网络等战略资产的运用和发展。这些核心技术，构成了企业海外技术并购的创新绩效。

对于知识技术获取型海外技术并购是否能够提升企业的创新绩效，以及提升企业创新绩效的方法和途径，学术界的分歧仍然比较大。Cohen、Levin（1989），RO、Ller等（2001）的研究表明，在规模经济条件下，由于在海外技术并购后消除了重复的研发工作或者减少了技术升级的投入，企业的效率变得更高。并且在绩效增长的鼓励下，企业会投入更多的资源，通过并购来实现这种知识的转移，从而实现企业持续的创新能力。虽然大部分学者都把研究的焦点集中在海外技术并购对技术产出的积极影响上，但是有一些证据表明对主并企业的技术投入具有负面的影响（Hitt et al.，1996），在企业债务水平很高时，为并购融资而使负债增加可以为这一负面影响做出解释。虽然海外并购活动的机会成本和并购后研发活动增加，可能导致资金需求增加，但这些可以使企业具有更强的规避风险的能力。

许多学者认为，创新绩效的加速导致的技术的加速和对面临的新局面的解决方案的需求，是企业通过海外技术并购的方式获取外部资源和能力的主要动力（Hagedoorn，2002；King et al.，2008）。拥有特定技术的目标企业可以为主并企业提供组织学习多样化知识的机会（Makri et al.，2010）。海外技术并购行为可以使企业更快速地获得自身发展所需要的高水平的专业知识、产品研发技能、企业的组织架构、经验丰富的员工和更为完备的市场网络以及特定的新技术，从而在不断发展变化的竞争环境中具备更强的应对各种挑战的能力（Bower，2001）。因此，将海外技术并购作为战略选择，以获取新的知识和能力已经成为现代企业制度下企业的一种普遍现象，也成了衡量企业是否具有更大发展潜力的标准之一（Uhlebruck et al.，2006）。然而，部分学者在利用实证方法对海外技术并购对创新绩效的影响进行研究时，却得出了相反的结论。Karim 和 Mitchell（2000）发现，在主并企业和目标企业的差异化资源被融合的过程中，企业的创新绩效呈现正的效应。相比之下，Hitt 等（1991，1996）的研究发现，海外技术并购对企业的创新绩效具有负效应。他们认为海外技术并购后企业大量占用了管理者的时间和精力，使他们在新产品和技术研发方面的长期投资行为受到忽略，从而导致企业创新绩效下降。这些相互矛盾的结论，一方面，使学术界关于知识、技术获取型海外技术并购是否真正促进企业的创新绩效的分歧长期不能解决；另一方面，以知识寻求和技术获取为目的的海外技术并购仍然在实践中成了推动企业快速成长的流行战略（McEvily et al.，2004；Kale & Puranam，2004）。

这些相互矛盾的观点引起了学者们的注意，一些研究者开始试图解释这些问题，他们中的大多数将研究的重点放在了海外技术并购企业并购后的整合问题。研究发现，对于知识、技术获取型海外技术并购来说，在取得目标企业的技术和知识之后，对这些知识和技术的整合过程，对于企业的创新绩效十分重要，因为整合过程可以促进所获得的技术与企业结合，也可以阻碍这种结合（Birkinshaw，1999；Graebner，2004；Puranam et al.，2006）。造成这种现象的原因是企业在整合新的知识和技术的同时，新的整合机制为了促进主并企业和被并购企业之间的知识、技术的转移，会建立新的组织、管理架构，削弱被并购企业的自主权，从而出现被并购企业原有的组织架构和管理流程被打破的局面（Ranft，Lord，2002）。一些学者对并购后整合的多种后果进行了分析，他们指出，合理的整合机制和整合战略可以对并购后企业之间的知识流动和技术转移起到促进的作用，同时良好的整合可以减轻被并购企业因为失去部分自治权而遭到的破坏（Graebner，2004；Schweizer，2005）。

尽管学术界对知识、技术获取型和创新绩效之间关系的讨论十分活跃，但是大多数学者并没有把这个问题与企业海外技术并购结合起来研究。在企业海外技术并购方面，大部分的研究仍然集中于探讨海外技术并购是否为股东创造了价值（Brock，Yaffe，2008；顾露露，Reed，2011）。对于企业如何通过知识、技术获取型的海外技术并购提升创新绩效这一问题，至今仍然缺乏具有说服力的成果（Garbe，Richter，2009；Bobillo et al.，2010）。

中国企业知识、技术获取型海外技术并购的一个非常明显的特点就是进行逆向知识转移。逆向知识转移通常指的是创新能力较弱的一方对创新能力较强的一方实施并购，这与传统跨国公司海外技术并购理论中先进的知识和技术是由主并企业向目标企业转移的情况正好相反，也与知识管理理论中并购双方之间进行知识和技术共享的现象存在明显的不同。近年来，一些学者通过对这种知识转移的方法进行研究，认为逆向知识转移也是企业创新的一个重要源泉，并且也能帮助企业建立竞争优势（Frost，Zhou，2005；Eden，2009）。不少学者认为，逆向知识转移在使企业更好地协调全球战略资源、加快新产品开发、提高技术和服务等方面，发挥了重要的作用（Ambos et al.，2006）。同时，在进行逆向知识转移过程中，主并企业作为知识、技术转移的发起者和组织者，可以根据实际情况，将从目标企业获得的知识和技术有针对性地转移到组织的不同部分，这种转移活动不仅提高了知识、技术的使用效率，还使主并企业能更为严密地控制目标企业，并为后续的知识、技术整合打下基础（Rabbilsi，2011）。

另外，一些学者采用案例分析法对中国企业进行海外技术并购的创新绩效进行了研究。Mathews（2006）认为，中国企业在海外技术并购中，其动机已经逐渐从资产利用型、资产寻求型转移到了知识技术获取型，而且已经具备了明显的创新特征，如快速地进行国际化、通过组织变革而不是技术变革推动国际化速度等，以使自己在国际市场的竞争中占据优势地位。Li（2007）在针对企业海外技术并购案例进行分析的基础上，通过对OLI和LLL模型进行整合，提出了企业通过海外技术并购建立跨国公司这一演变的内容和过程的框架。Tung（2007）则从跳板视角解释了中国企业通过海外技术并购获取战略资源和降低目标企业所在国的制度约束、市场约束的行为，他的研究认为中国企业的海外技术并购可以通过逆向知识转移，实现在创新方面的跳跃式提高。

在过去对企业海外技术并购的研究中，虽然理论界对企业的海外技术并购和技术并购、技术并购后整合、跨国公司海外经营、企业海外技术并购的绩效和创新绩效进行了大量的研究，但是，对于海外技术并购中主并企业的主体特征对市场绩效和创新绩效的影响方面的研究几乎无人进行，对不同政府吸引对外直接投资中的制度性效应的研究也基本没有开展。因此，这方面文献的数量，当前较少而且系统性不完整。

主并企业主体特征对市场绩效和创新绩效的影响，主要表现在对技术并购动机、技术并购过程、技术并购后整合以及企业对更新知识和技术获取等方面的影响。根据学者们的研究，主并企业的主体特征及其对市场绩效和创新绩效的影响因素，主要表现在文化距离和制度环境因素、并购经验和技术基础、管理层和管理创新、财务资源和盈利能力、所在行业与企业的成熟度等方面。

Rabbiosi 等（2009）认为，企业在海外技术并购中往往会遭到对方因故意隐藏信息而造成的损失，除了文化差距和制度影响外，并购企业缺少并购经验和国际化经验，也是一个重要的原因。Springer Science（2016）认为，中国企业的海外技术并购经验与其海外技术并购的可能性呈正相关。方林、宋大海（2007）分析了企业海外技术并购成功的因素，结果表明，企业的并购经验和所在国的财政支持对海外技术并购的成功起着关键的作用。王宛秋、马红君（2016）利用因子分析对 2007—2012 年中国上市公司海外技术并购活动进行分析后指出，并购经验和由此带来的并购成熟度，会对主并企业的创新绩效产生影响，进而对市场绩效也产生影响。

技术基础是影响企业创新绩效的另一个方面。技术基础包括主并企业自身拥有的技术资源、目标企业绝对知识规模、目标企业相对知识规模以及并购后企业对更新技术的研发和获取等。U. Rui、Lingzhi Li（2017）利用 2015 年的相关数据分析了 2003—2012 年由中国企业发起的海外技术并购行为，结果表明：目标企业的绝对和相对知识占比越小，企业的创新绩效和并购绩效就越大，反之，海外技术并购的创新绩效和并购绩效就越差。另外，企业自身拥有的技术资源和并购后企业对更新技术的研发和获取也对企业的创新绩效和市场绩效有着重要的影响，如果企业拥有更多的知识和技术资源，企业就能更好地整合从外部获取的知识和技术，从而促进创新绩效和市场绩效。同时，对于并购后对更新技术的研发投入、产出等衡量方面，研究人员仍然存在着争议。部分学者认为，基于产出的绩效衡量一般涉及专利的数量和质量（Griliсges，1986；Acharya & Subramanian，2007；Chava et al.，2013）；对企业技术并购后更新技术的衡量，主要需要利用投入计量的方式，采用技术人员、劳动力和固定资产投资的绝对指标来进行（Zhu et al.，2016；Hage Dounn & Cloodt，2003；Mao et al.，2013）。

包括董事会成员、CEO 和独立董事在内的管理层，其管理经验、认知、个人、所有权和薪酬已经被证明会影响企业海外技术并购之后的表现，包括市场绩效和创新绩效等，因为管理层可能会面临并购后市场绩效和创新绩效的压力（Haleblian，2009）；自 2009 年以来，很多学者一直在研究管理层的管理经验和认知、个性对海外技术并购后市场绩效和创新绩效的影响。具体而言，Zollo（2009）认为，管理者对之前并购成功的看法与焦点合并的实际表现呈负相关，因为先前获得的成功是管理者过于自信。Vaara、Junni、Sarala、Ehrnrooth 和 Koveshnikov（2014）研究了管理者对并购后的市场绩效和创新绩效的影响，他们发现，管理者的内部和外部的特征会影响企业海外技术并购后的表现。

管理创新指的是“生成和实现”对现有技术来说是新的管理实践、过程、结构或技术并预期“进一步组织目标创新 ”（J. Birkinshaw，G. Hamel，M. J. Mol，2008）。管理创新使企业能够采用所需的各种创新和技术流程，被认为是组织增长的一个关键工具和盈利能力，它在改善组织方面发挥了重要作用，对提升公司的生产能力和绩效起到了重要的作用（M. J. Mol，J. Birkinshaw，2009）。Hinterhuber 和 Lizu（2017）声称创新管理体系采用不同的政策和程序有效地利用自身资源以及通过海外技术并购获得的技术，来帮助企业获得可持续的竞争地位，并为未来企业市场绩效和创新绩效的提升提供动力。

王宛秋、马红君（2016）认为，主并企业的财务资源充足程度与海外技术并购后创新绩效和市场绩效呈正相关关系。吕媛、黄国良（2009）对企业进行海外技术并购所需资金来源与并购后创新绩效和市场绩效的关系进行了分析，他们发现主并企业的营运资金净额、净利润和并购后对新的知识、技术的研发投入存在着正相关关系。胥朝阳等

（2009）在对上市公司海外技术并购的绩效进行实证研究的基础上发现，企业的每股未分配利润越高，其进行海外技术并购后的整合难度就越低，因此，他们认为企业可利用的财务资源与海外技术并购后的创新绩效和市场绩效有直接关系。国外的一些学者从企业的财务制度和财务战略方面分析了企业财务资源与并购后创新绩效和市场绩效的关系。Holmstrom 和 Ricart I Costa（2009）观察到，一家企业的资本预算决策，包括最低预期收益率和企业评估特殊风险的方式，会影响管理层在海外技术并购中对财务资源的配置，进而影响并购后主并企业的创新绩效和市场绩效。Kim、Haleblian 和 Finkelstein（2011）发现，那些渴望通过海外技术并购实现创新绩效和市场绩效增长的企业更有可能通过更为激进的财务政策进行海外技术并购。当目标企业股票流动性增加的时候，主并企业更愿意支付更高的溢价，因为此类并购后，合并企业的资产折现率提高，主并企业的投资者更容易撤出投资（Massa，2013）。Offenberg、Straska 和 Waller（2014）已经证明，当目标企业先前并购的价值损失更大时，其股东所获得的溢价更高，企业就能获得更多的财务资源，以实现更高的创新绩效和市场绩效。

海外技术并购中主并企业的盈利能力。企业的盈利能力既是其市场绩效和创新绩效变化的影响结果，又是企业的主体特征，对企业市场绩效和创新绩效的提升发挥着重要的作用。对企业盈利能力有所影响的创新绩效主要有研发投入所产生的专利、技术、创新团队等；反映企业盈利能力的指标主要是企业的 ROE、每股未分配利润等。胥朝阳、黄晶、颜金秋（2009）以及 Umair Khan、Seoyeon Lee 和 Madiha Salik（2018）认为，为了保持较高的利润和长期存活的能力，企业应该通过技术创新，为其发展提供长期的可持续性，同时，为企业更加先进的技术研发提供资金支持。

关于所在行业对企业海外技术并购中主并企业的创新绩效的影响，也是近年来国内外学者比较关注的一个课题。Ahuja 和 Katila（2001）研究了美国化工行业的海外技术并购和整合。他们发现，在相对规模对创新绩效产生负面影响的同时，知识的绝对规模将增强创新绩效。方林等（2007）发现，政府对海外技术并购企业的财政支持和政策帮扶，在很大程度上受到主并企业所在行业的影响。Zhefan Piao（2017）在对中国企业海外技术并购的创新绩效进行分析的时候，他发现，从整体上来说，中国企业进行海外技术并购之后，都很难取得良好的创新绩效，但是，在计算机、通信设备、电机、化工、制药等行业，主并企业的创新绩效较高。这与中国政府倡导的“调整经济结构、占领技术高地”的行业发展思路有关。

企业的成熟度也是影响其海外技术并购创新绩效和市场绩效的一个主体特征。企业的成熟度主要表现在企业的年龄上。Zhefan Piao、Rongda Chen 等（2018）在利用超效率 DEA 模型和面板 Tobit 模型对 2009—2015 年中国上市公司海外技术并购的技术创新情况进行研究时，对企业成熟度对并购绩效、创新绩效的影响进行了阐述，他们认为在影响创新绩效因素的回归中，企业年龄仅在内部扩张样本中与创新绩效显现出负相关关系，在外部扩张样本中这一关系并不显著。当公司还年轻的时候，创新绩效对公司的年龄更敏感。企业年龄越大，对创新绩效的影响越小。在内部扩张样本中，自由现金流对创新绩效的影响不显著，而在外部扩张样本中，自由现金流显著负值。公司规模、高管薪酬、高管平均年龄、折旧和创新绩效显著负值。股权集中度、资本强度和显著的财务杠杆系数均为正；独立董事维度和总资产周转率对创新绩效影响不显著。U. Rui、Lingzhi Li（2017）认为，面对复杂的海外技术并购形势，企业需要一定的经验和能力。随着业务的发展，积累的经验将成为无形资产的一部分。在技术外包海外技术并购中，经验有利于企业应对诸多问题，提高创新绩效。

基于上述的文献梳理和总结，建立了以下有关主并企业特征因素与并购后创新绩效的研究假设：

H_1：主并企业经营状况因子对海外技术并购后企业的创新绩效变化存在显著的正向影响。

H_2：企业并购经验因子对海外技术并购后企业的创新绩效变化存在显著的正向影响。

H_3：企业治理结构因子对海外技术并购后企业的创新绩效变化存在影响作用。

H_4：企业规模因子对海外技术并购后企业的创新绩效变化存在影响作用。

6.2　变量描述

（1）被解释变量。由于企业进行并购的主要目的是获得对方的技术、专利，本研究认为技术并购后最直接的影响因素是企业的创新能力，因而被解释变量是主并企业进行技术并购后的创新绩效指标，并用主并企业专利申请数衡量创新绩效。与此同时，需要再次强调的是，本研究关注的是并购事件带来的绩效的变化，也就是并购前后企业创新绩效的变化程度（相对数），而非并购后创新指标的绝对数。这样考虑是因为不同类型、不同行业、不同发展阶段、不同规模的企业本身在创新绩效上的表现就是千差万别的，直接以专利申请数作为被解释变量显然会受到许多潜在因素的影响，因此我们采用更加合理的相对数。即首先收集了并购发生前一年主并企业的专利申请数；其次收集了并购当年和并购发生后一年主并企业的专利申请数，并计算并购后两年的平均值；最后进一步计算出并购后两年的专利申请数平均值相对于并购前一年专利申请数的增长率，以此专利增长率为被解释变量。

（2）解释变量。解释变量是反映主并企业主要特征的因子变量，分别是经营状况因子、企业规模因子、治理结构因子和并购经验因子，这四个因子反映的是11个原始指标的绝大部分信息，能够在较高程度上反映企业的全面特征。

（3）控制变量。本部分研究的主要控制变量是企业的研发费用支出，即研发投入强度，按照既有研究的结论以及经验判断，研发投入越高，创新产出绩效越明显，因此我们收集了并购企业并购发生前一年的研发费用指标，并以此作为主要的控制变量。除了研发费用以外，其他主要控制变量还包括公司性质和交易规模。公司性质主要是指主并企业是否属于国有企业，有大量的研究表明具有政治关联的企业的并购绩效表现得更好，国有企业相比民营企业具有更加丰富的社会资源和市场资源，技术并购后的创新绩效表现可能会更加明显。交易规模指的是并购交易公告披露的并购总价，在回归分析中用相应的对数值表示。对于技术并购而言，交易规模越大，说明被并购企业的技术知识能力越有价值，从而影响企业的创新产出和市场表现。

6.3 主并企业特征与创新绩效的关系

表6-1中，模型（1）首先考虑了四个特征因子与创新绩效的关系，通过回归分析可得，主并企业经营状况因子和并购经验因子对于并购前后创新绩效的变化具有显著的影响，分别在10%和5%的置信水平上显著。模型（2）单独考虑了企业性质、交易规模、研发投入等三个控制变量与企业创新绩效之间的关系，结果显示研发投入对创新绩效存在显著的正向影响。模型（3）将四个特征因子和控制变量纳入一个模型当中，模型（4）将对创新绩效存在显著影响的经营状况因子、并购经验因子和研发投入纳入一个模型中，四个模型的拟合优度逐步增加。

表 6-1　主并企业特征与专利申请数变化率的关系

专利申请数变化率				
	(1)	(2)	(3)	(4)
经营状况因子	0.235* (0.070)		0.199** (0.041)	0.212* (0.062)
企业规模因子	0.057 (0.479)		0.127 (0.222)	
治理结构因子	-0.142 (0.250)		-0.113 (0.178)	
并购经验因子	0.336** (0.041)		0.289** (0.044)	0.198** (0.046)
企业性质		-0.016 (0.860)	0.019 (0.728)	
交易规模		-0.002 (0.998)	0.046 (0.459)	
研发投入		0.350** (0.024)	0.253** (0.028)	0.189* (0.051)
样本数	185	158	158	158
R^2	0.154	0.123	0.272	0.320

通过回归分析得出的主要结论是：一方面，经营状况因子对企业海外技术并购后的创新绩效变化存在显著正向影响，这说明了企业经营状况越好，主并企业的盈利能力越强，诸如营业收入、净利润、营业利润和无形资产等越好，并购后的创新绩效越好；另一方面，并购经验因子对创新绩效存在显著影响，企业在并购和管理上越有经验，企业在并购整合管理上越有效率，越有助于企业对新知识的吸收和转化，从而提高创新绩效。除此之外，治理结构因子和企业规模对海外技术并购的创新绩效并无显著影响。

6.4　主并企业特征与创新绩效关系的稳健性检验

在上述分析中，我们实证检验了主并企业主要特征与创新绩效的关系，我们对于创新绩效的衡量采用的是并购前后主并企业专利申请数的变化率，在有的研究中，直接以并购后当年，或者并购后三年的专利申请数为被解释变量，也有的研究将并购企业新产品的开发数量作为被解释变量。为了得到主体特征与并购后创新绩效的稳健性关系，我们对创新绩效采用了不同方式的测度。在 incoRpat 专利数据库中，除收集了企业专利信息之外，还基于企业历年的专利申请数分析了其走势，我们根据数据库中分析的专利申请走势图，结合并购事件的发生时间，对并购后的走势情况用二值变量进行了总结，具体来说，如果并购发生后，企业的专利申请数为上升趋势，则取值为 1，如果并购发生后，企业的专利申请数为下降趋势，则取值为 0，基于这样一个二值变量，我们对主并企业特征与并购后创新绩效的关系进行了稳健性检验，结果如表 6-2 所示。

表 6-2　主并企业特征与专利申请数变化趋势的关系

	专利申请数变化趋势			
	(1)	(2)	(3)	(4)
经营状况因子	0.335** (0.020)		0.288** (0.041)	0.272** (0.032)
企业规模因子	0.087* (0.104)		0.077 (0.112)	0.102* (0.097)
治理结构因子	-0.123 (0.352)		-0.143 (0.248)	
并购经验因子	0.535*** (0.007)		0.383** (0.014)	0.498*** (0.006)
企业性质		0.016 (0.860)	0.010 (0.812)	
交易规模		0.102* (0.088)	0.146 (0.556)	
研发投入		0.550** (0.037)	0.373** (0.045)	0.346* (0.061)
样本数	185	158	158	158
R^2	0.254	0.193	0.261	0.341

在上节分析中，对于创新绩效的测度基于定量方式，通过计算并购前后的专利申请数的变化率进行分析，而在本节中，对于创新绩效的测度基于定性方式，从现有成熟的数据库中导致对专利申请数走势的定性描述，基于此构建二值变量，并以此为被解释变量进行技能型稳健性检验。如表6-2所示，在改变了对创新绩效的测度方式以后，依然能够观测到被解释变量存在的显著的影响作用。经营状况因子和并购经验因子对于专利申请数变化存在稳定的显著影响，除此之外，当以专利申请数变化趋势为被解释变量时，也能够观测到企业规模因子在10%的置信水平上边际显著，也就是说企业规模对于专利申请数的整体走势是存在影响的。

至此我们得出了以下主要结论：在海外技术并购中，主并企业特征中的经营状况因子、并购经验因子对于并购后的创新绩效提升存在较为明显的影响，无论是以专利申请数变化率来衡量企业创新绩效，还是以专利申请数变化趋势来衡量创新绩效，均能观测到显著的影响，企业规模在边际水平上对专利变化趋势存在影响。

第 7 章

高管团队异质性对并购后创新绩效的影响分析

Chapter 7

7.1　样本选取与数据来源

（1）本研究以国泰安数据库和锐思数据库为实证分析参考数据库，以我国创业板高新技术企业作为研究出发点，选取 2012—2016 年与本研究相关的企业数据作为样本。

（2）本研究参考《2016 年中国高新技术产业统计年鉴》中的高新技术产业分类，根据国泰安数据库和锐思数据库相关信息，选取铁路、船舶、航空航天等运输设备制造业，汽车制造业，计算机和通信设备制造业，电气机械及器材制造业，仪器仪表制造业，化学原料及化学制品制造业，医药制造业，专用设备制造业，通用设备制造业等相关的创业板上市公司进行筛选排除。

根据上述标准，对本研究相关研究数据进行筛选和整理。最终筛选出 240 家创业板高新技术企业在 2012—2016 年度的高管团队特征、公司治理、股权集中度、研发投入、企业营业收入等数据作为研究样本。

本部分研究内容主要通过 Spss 和 Stata 软件进行相关分析。

7.2　相关研究假设

7.2.1　高管团队异质性对企业创新绩效的影响

本研究主要从性别异质性、年龄异质性、教育程度异质性、任职期限异质性四方面进行高新技术企业高管人口特征的研究。

（1）性别异质性。一般来说，男性高层管理者能够主导大局，具有领导力，面对市场竞争能够勇于挑战，承受能力强，敬业，能够引领公司变革，不拘小节，实行放权式管理，能更好地处理公司的事务和面对的风险。我国由于受传统文化的影响，男性更多专注于事业提升，女性更多专注于家庭建设，男性高管由于性别特质多实施粗犷式、灵活性管理，勇于冒险与创新，但其控制欲比较强；女性高管做事相对谨慎，在做出决策时会考虑得更全面些，且比较注重团队建设，一般实施民主化管理，有利于团结、合作氛围的形成。而女性高管敏感性高，能够敏锐地察觉到市场及企业的变化，对企业员工的管理更加情绪化、感情化；同时女性高管通常实行精细化管理，对员工的各项工作把控较严，抗压能力相对薄弱，把控能力相对较差，更多关注家庭，把家庭放到首要位置。由于生理、管理方式和家庭观念的差异，在推进企业变革过程中，男性高管和女性高管容易发生冲突，不利于形成高管团队的凝聚力。

因此，女性高管占比高和男性高管占比高的高管团队中，性别异质性越低其管理团队具有越强的凝聚力，说明异质性越低越有利于团队协作，越能够更好做出正确的决策。

基于上述分析提出研究假设：

H_1：高管团队性别异质性与公司创新绩效呈负相关。

（2）年龄异质性。高管团队的年龄异质性能够反映团队成员遇事的态度、处理意愿和处事经验，使高管在做出决策时能够从多方面出发，充分发挥个人的年龄优势，使决策不断创新。

通常来说，人们投资、学习和接受新事物的意愿随着年龄的增长而逐渐降低。高管年龄越大越相对保守，他们通常习惯于原有的旧模式和旧思维，不能随着环境变化及时变通与更新。

另外，科学技术是第一生产力。高管年龄越大越不愿意进行投资研发。反而年轻的高管因为年龄特征更愿意承担风险，并愿意投入研发经费开展研发活动，使企业在竞争中突破重围获得巨大的收益。由于经验、知识体系和认知水平的差异，在推进企业决策过程中，年长的高管和年轻的高管容易发生冲突，不利于形成高管团队的凝聚力。

因此，高年龄层高管和低年龄层高管构成的高管团队中，高管年龄异质性越低，则价值观等越类似，团结和协作能力越强，能够促进研发投入和创新绩效的提升。

基于上述分析提出研究假设：

H_2：高管团队年龄异质性与企业创新绩效呈负相关。

（3）教育程度异质性。教育水平的高低在一定程度上影响着人们的信息接受力和认知力。一般来说，教育水平越高其知识范围越广，应变能力和创新能力相对越强，因此，高管团队的教育程度决定了公司的战略决策。

通常情况下，高管教育程度越高，获取信息的能力就越强，越能够根据内外部环境的变化快速并全面做出判断和决策，在公司面临挑战时更容易做出创新决策，从而以技术创新来降低生产成本或改善产品从而占领市场。但由于受知识层面的影响，其做出的创新决策有一定的局限性，容易忽视内外部环境的变化。教育程度相对较低的高级管理人员在认知能力和信息获取能力等方面相对薄弱，但在企业发展中能够不受知识层面的影响提供不同的思维和策略来促进企业发展。

因此，教育程度高低越均衡，高管团队就越具有创新力和突破力从而推动企业的发展。

基于上述分析提出研究假设：

H_3：高管团队教育程度异质性与企业创新绩效呈正相关。

（4）任职期限异质性。高管团队任职期限反映了其在公司工作的时间长短、对公司的了解程度，以及企业高管团队之间的配合默契程度。

高管团队成员任职期限越长，对行业和企业的发展就越了解和熟悉，从而能够抓住企业发展机遇且能够通过增加企业的创新投入来提高企业的技术创新绩效，做出符合企业长期发展的决策。但随着任职期限的不断增长，部分高管团队成员习惯于长久的行业和企业环境，逐渐形成惰性和思维惯性从而阻碍企业的创新。任职期限较短的高管团队成员没有受到公司和行业环境的禁锢，思维相对活跃且具有参与主动性，有利于企业的创新发展。

因此，任职期限异质性越大，任职期限长短人员占比越均衡，其能够共同参与公司的管理，在对行业和公司环境熟悉了解的基础上，融入不同的思维方式，灵活应对外界环境变化，更具有创新和变革的动力，从而提高企业的创新绩效和市场竞争力。

基于上述分析提出研究假设：

H_4：高管团队任职期限异质性与企业创新绩效呈正相关。

7.2.2 公司治理的调节作用

公司治理是指公司的所有权和管理权在信义义务的基础上形成一种平衡关系，以实现公司经营绩效的一种结构性制度安排。公司治理结构对企业的发展具有指挥协调作用，本研究主要从股权集中度方面进行研究。

股权集中度是公司治理结构的重要指标，反映了企业股权分配情况和企业的稳定性。在我国，民营企业的股权集中度相对较高，尤其反映在高新技术企业上，股权集中度越高，大股东得到的股权比例相对越多，则其在高管团队中就越具有决策权，企业在实施创新变革时的阻碍就越少，从而促进企业变革及创新绩效的提高。

基于上述分析提出研究假设：

股权集中度越高，高管团队异质性对以研发投入占营业收入的比例为参数的企业创新绩效的作用就越强。

7.3　变量设计

7.3.1　因变量

企业创新绩效是指企业在生产运营过程中采用先进科学技术后取得的研究成果。根据文献所知，衡量企业创新绩效的指标主要有两个，分别为技术创新投入和技术创新产出指标。技术创新投入指标主要包含企业资本投入和人力资源投入，如企业研发投入、科研人员投入等。技术创新产出指标主要通过企业的专利申请与授权情况、新产品销售情况等进行考核。研发经费的投入反映了企业创新能力的高低，是增加原始创新技术供给、提高企业创新能力的重要保障。研发投入占营业收入的比例直接体现了企业技术创新的能力，同时也反映了高管人员创新决策的能力。因此，本研究选用高新技术企业当年研发经费投入占营业收入比例（*R&D/Re*）作为衡量企业创新绩效的因变量指标。

7.3.2　自变量

通过对以往相关文献的研究，本研究有针对性地选取性别异质性、年龄异质性、教育程度异质性和任期异质性等作为高管团队异质性的代表参数。

（1）性别异质性（*Dgend*）。性别异质性是根据男女两类高管在当年团队中所占比例的基础上进行核算的，然后根据赫芬达尔-赫希曼指数（即Herfindahl-Hirschman指数）对所测算的人员性别百分比进行综合的测量，最终对其进行异质性核算，其公式为：

$$Dgend = 1 - \sum_{i=1}^{n} Pgend_i^2$$

其中，$Pgend_i$ 表示第 i 位高管团队成员的年龄，n 表示高管团队成员的人数。D 取值范围为［0，1］，D 值越大则其异质性越强。

（2）年龄异质性（*Dage*）。年龄异质性是根据团队高管从出生到统计时间的年龄大小，分别计算出其标准差和平均年龄，再用两者的比值作为年龄异质性的计算基础，核算公式为：

$$Dage=\frac{\sigma age}{Aage}$$

其中，$Aage=\sum age_i/n$，$\sigma age=\sqrt{\sum(age_i-Aage)^2/n}$，$age_i$ 表示第 i 位高管团队成员的年龄，n 表示当年团队高管成员的人数规模。

（3）教育程度异质性（*Dedu*）。从当年高管基本信息中获取高管最高学历，按照学历由低到高分为：高中及以下、大专、本科、硕士研究生、博士研究生及以上5类，并分别用1、2、3、4、5表示，然后以赫芬达尔-赫希曼指数为基础进行测算，核算公式为：

$$Dedu=1-\sum_{i=1}^{n}Pedu_i^2$$

其中，$Pedu_i$ 为 i 类学历在当年高管团队中的占比，i 为学历分类，n 表示当年团队高管成员的人数规模。D 取值范围为［0，1］，D 值越大则其异质性越强。

（4）任职期限异质性（*Dtime*）。任职期限是按照高管团队成员从入职到样本统计日的时间，用标准差和平均值的比值作为任职期限异质性的计算基础，核算公式为：

$$Dtime=\frac{\sigma time}{Atime}$$

其中，$Atime=\sum time_i/n$，$\sigma time=\sqrt{\sum(time_i-Atime)^2/n}$，$time_i$ 表示第 i 位高管团队成员的任职期限，n 表示当年团队高管成员的人数规模。

7.3.3 调节变量

公司治理结构在企业发展中起着重要的神经调节作用，根据相关研究及样本数据的情况，本研究选取公司治理结构中的股权集中度作为表征参数来代表公司治理结构，并作为调节变量。

股权集中度是指公司最大股东持有的股份在公司总股份中的分量，其是公司治理结构的重要影响因素。股权结构按最大股东的持股比例分为三类：高度集中、相对集中和高度分散。不同类别的股权结构反映了最大股东决策权和控制权的大小，同时影响着企业的研发投入、创新技术发展和创新绩效。股权结构越集中，企业就越容易做出决策，在选择变革创新中受到的阻碍越少，但股权集中度也会导致最大股东独断专行，使其他股东的权力丧失或缩减。本研究选择具有控股地位的股东的股权拥有度作为公司结构的调节变量，同时选择最大股东的持股比例作为股权集中度代表来进行调节变量的研究。

7.3.4　控制变量

企业的战略决策受企业总体规模、收入和盈利增长率、投资回报率、资产负债率的影响，根据资料文献研究，本研究以企业当年的规模和资产负债率作为控制变量进行研究。

（1）企业规模（*Size*）。企业规模是企业实施创新决策时必须要考虑的因素，企业规模越大，越注重保持核心竞争力，进而抗风险能力越强，研发投入占营业收入的比例就会越高，企业采取创新技术和决策时市场接受程度相对会更容易些，从而推动创新决策的进行。本研究选取高新技术企业当年期末总资产作为企业规模参数，具有直接代表性。

（2）资产负债率（*TDR*）。资产负债率是指企业负债总额与资产总额的比率，反映了企业通过借贷筹集的资本总额所占的比例。这个比率可以反映资产对负债的保护程度，比率越低，偿债能力越强。

高新技术企业属于高风险高回报行业，企业负债能力越强，其抗风险能力越大，企业就能做出更多的创新决策，增加研发投入，从而提高企业的创新绩效。资产负债率越高，企业资金灵活度就越低，用于研发投入的资金就相对越少，做出创新决策就越困难。本研究通过多方面研究选择当年期末的资产负债率作为控制变量之一，如表 7-1 所示。

表 7-1　变量汇总说明

变量类型	变量名称	变量符号	变量定义说明
因变量	当年研发经费投入占营业收入的比例	*R&D/Re*	当年研发经费投入占营业收入的比例
自变量	性别异质性	*Dgend*	当年高管中女性和男性两类成员所占的百分比，采用赫芬达尔-赫希曼指数进行测度
	年龄异质性	*Dage*	年龄标准差系数，即年龄标准差与平均年龄的比值
	教育程度异质性	*Dedu*	高中及以下为 1，大专为 2，本科为 3，硕士研究生为 4，博士研究生及以上为 5；采用赫芬达尔-赫希曼指数进行测度
	任职期限异质性	*Dtime*	任职期限标准差系数，即任职期限标准差与平均任职期限的比值
调节变量	股权集中度	*HERF*	最大股东的持股比例
控制变量	企业规模	*Size*	当年期末总资产
	资产负债率	*TDR*	当期期末的负债总额/当期期末的资产总额

7.4　模型设计

根据前文理论参考及 Edwards 和 Lambert（2007）全效应调节模型建立本研究模型。

（1）建立自变量、控制变量、因变量关系模型。

模型 1：$R\&D/Re=a_1+a_2Size+a_3TDR+a_4Dgend+a_5Dage+a_6Dedu+a_7Dtime+\varepsilon_1$

（2）建立自变量、调节变量、控制变量、因变量关系模型。

模型 2：$R\&D/Re=\beta_1+\beta_2Size+\beta_3TDR+\beta_4Dgend+\beta_5Dage+\beta_6Dedu+\beta_7Dtime+\beta_8HERF+\varepsilon_2$

（3）检验调节变量与自变量的交互项与控制变量和因变量的关系。

模型3：$R\&D/Re=\gamma_1+\gamma_2 Size+\gamma_3 TDR+\gamma_4 Dgend+\gamma_5 Dage+\gamma_6 Dedu+\gamma_7 Dtime+\gamma_8 HERF+\gamma_9 HERF\times Dgend+\gamma_{10} HERF\times Dage+\gamma_{11} HERF\times Dedu+\gamma_{12} HERF\times Dtime+\varepsilon_3$

7.5 描述性统计分析

运用Spss分析软件对用Excel核算后的各变量数据进行描述性分析，并对自变量、控制变量、调节变量（公司治理结构中股权集中度）、因变量以研发投入占营业收入的比例为参数的创新绩效数据进行描述性统计分析。

7.5.1 研发投入经费占比描述性统计分析

当年研发投入经费占营业收入的比例（*R&D/RE*）的描述性统计分析如表7-2所示。

表7-2 当年研发投入经费占营业收入的比例（*R&D/RE*）的描述性统计分析

变量	年度	样本数	极小值	极大值	中值	均值	标准差
R&D/RE	2012	240	0.88	52.67	4.856	6.555	6.024
	2013	240	0.72	46.50	4.755	6.902	6.267
	2014	240	0.59	72.56	4.710	6.848	6.958
	2015	240	1.11	72.75	5.125	6.943	6.612
	2016	240	0.55	52.61	5.295	6.829	5.999
	总体	1200	0.55	72.75	4.856	6.815	6.372

从表7-2中可以看出，在本研究选取的240家创业板高新技术企业中，以研发投入占营业收入的比例为参数的创新绩效极小值为0.55，极大值为72.75，说明240家高新技术企业以研发投入占营业收入的比例为参数的创新绩效差距很大，企业创新投入的能力和意识有所不同；2012—2016年其极大值由46.50到72.75再到52.61，说明目前我国创业板高新技术企业当年研发投入经费占营业收入的比例在不断增加，表现出企业技

术创新绩效的能力不断提升，也体现出了其不稳定性。创业板高新技术企业在2012—2016年的研发投入经费占营业收入的比例中值为4.856，均值为6.815，说明当年研发投入经费占营业收入的比例比均值6.815低的企业居多，我国高新技术企业的研发投入有待提升；而从五年内当年研发投入经费占营业收入的比例的平均值来看，创业板高新技术企业的当年研发投入经费占营业收入的比例均超过5%，说明创业板高新技术企业越来越注重技术创新，同时以技术创新为核心能力的意识不断增强，创新绩效不断提高。从标准差分布来看，240家企业研发投入经费占营业收入的比例的标准差由6.958到5.999，说明创业板高新技术企业之间在研发投入上的差距呈现缩小趋势，有可能因为政策的影响，高新技术企业之间的创新绩效表现出缩小分化的趋势。

7.5.2 高管团队异质性的描述性统计分析

高管团队异质性的描述性统计分析如表7-3所示。

表7-3 高管团队异质性的描述性统计分析

变量	年度	样本数	极小值	极大值	中值	均值	标准差
Dgend	2012	240	0.000	0.533	0.170	0.183	0.103
	2013	240	0.000	0.500	0.188	0.187	0.100
	2014	240	0.000	0.412	0.176	0.187	0.100
	2015	240	0.000	0.529	0.200	0.200	0.104
	2016	240	0.000	0.643	0.204	0.210	0.108
	总体	1200	0.000	0.643	0.188	0.193	0.103
Dage	2012	240	0.085	0.499	0.189	0.191	0.046
	2013	240	0.083	0.330	0.187	0.187	0.043
	2014	240	0.090	0.332	0.183	0.186	0.042
	2015	240	0.098	0.318	0.184	0.186	0.042
	2016	240	0.093	0.327	0.180	0.185	0.041
	总体	1200	0.083	0.499	0.184	0.187	0.043

续表

变量	年度	样本数	极小值	极大值	中值	均值	标准差
Dedu	2012	240	0.360	0.913	0.659	0.645	0.089
	2013	240	0.338	0.793	0.653	0.639	0.091
	2014	240	0.280	0.880	0.653	0.637	0.098
	2015	240	0.198	0.833	0.648	0.635	0.095
	2016	240	0.173	0.841	0.633	0.619	0.112
	总体	1200	0.173	0.913	0.653	0.635	0.097
Dtime	2012	240	0.044	0.983	0.454	0.445	0.190
	2013	240	0.045	1.112	0.514	0.527	0.181
	2014	240	0.074	1.143	0.577	0.586	0.179
	2015	240	0.186	1.221	0.706	0.696	0.181
	2016	240	0.302	1.264	0.744	0.752	0.176
	总体	1200	0.044	1.264	0.577	0.601	0.182

从表 7-3 中高管团队异质性的描述性统计分析结果可以看出：

（1）从高管团队性别异质性数据分析可得，240 家创业板高新技术企业高管团队性别异质性极大值由 0.412 到 0.643 有增大的趋势，说明目前创业板高新技术企业中企业的高管团队成员性别构成比较分散。高管团队性别异质性数据显示其中值比均值小，且标准差平均值为 0.103，说明高新技术企业的高管人员的性别较单一，性别异质性较小，企业的性别异质性相对分散。

（2）从表中极大值和极小值的数据可以看出企业高管团队年龄差距较大；从中值和均值数据可以看出大部分企业的年龄异质性低于平均水平，标准差平均值为 0.043，说明企业高管的年龄相对集中，年龄异质性相对集中；均值的数据不断递减说明高管年龄差距逐渐缩小。

（3）从表中极大值和极小值的数据可以看出企业高管团队成员教育程度差距较大；从中值和均值数据可以看出大部分企业的教育程度异质性高于平均水平，标准差平均值为 0.097，说明企业高管的教育程度异质性相对集中。均值的数据不断递减说明高管教育程度的差距逐渐缩小。创业板高新技术企业高管教育程度的异质性逐渐降低，说明创业板高新技术企业的高管团队教育程度的差异逐渐降低。

（4）从表中极大值和极小值的数据可以看出，企业高管团队成员任职期限差距较大。从中值和均值数据可以看出大部分企业的任职期限异质性低于平均水平，标准差平均值为 0.182，说明企业高管的任职期限差异较小且相对集中，企业任职期限异质性相对分散。均值的数据不断增加说明高管任职期限的差距逐渐增大。

7.5.3 公司治理的描述性统计分析

公司治理的描述性统计分析如表 7-4 所示。

表 7-4 公司治理的描述性统计分析

变量	年度	样本数	极小值	极大值	中值	均值	标准差
HERF	2012	240	8.975	68.87	33.000	34.566	13.057
	2013	240	5.849	68.87	31.095	33.788	13.282
	2014	240	4.964	63.53	30.050	32.396	12.898
	2015	240	4.379	62.50	29.085	30.734	12.314
	2016	240	4.381	60.65	26.480	28.782	11.620
	总体	1200	4.379	68.87	30.050	32.053	12.634

从表 7-4 我们可以看出创业板高新技术企业的公司治理因素股权集中度的描述性分析有以下表现：

2012—2016 年 240 家高新技术企业股权集中度极小值、极大值分别为 4.379 和 68.87，说明企业自身规模和生产经营要素的不同等原因致使股权集中度差距很大。从表 7-4 中观察所得，股权集中度的中值和均值分别为 30.050 和 32.053，说明大多数企业的股权集中度都居于 30.050%的水平且低于 32.053%的平均水平，股权集中度相对较低，环比来看，4 年间其股权集中度的中值和均值都在不断递减，说明最大股东的股权比例在不断减少，股权集中度标准差也呈递减趋势，控制权不断分散。

7.6　相关性检验分析

将本研究中涉及的因变量、控制变量、自变量和调节变量等导入 Spss 软件中，进行相关性分析后，得出表 7-5 所示相关性系数表。

表 7-5　因变量与自变量、控制变量和调节变量之间的 Pearson 相关性系数表

	R&D/RE	*Dgend*	*Dage*	*Dedu*	*Dtime*	*Size*	*TDR*	*HERF*
R&D/RE	1	0.054***	−0.061	−0.149*	−0.099	−0.208***	−0.327***	−0.184**
Dgend	0.054	1	0.170**	−0.071	0.072	−0.101	−0.09	0.052
Dage	−0.061	0.170**	1	−0.02	−0.017	0.004	0.026	0.1
Dedu	0.149*	−0.071	−0.02	1	−0.061	0.048	0.065	0.026
Dtime	0.099***	0.072	−0.017**	−0.061	1	0.133*	0.088	−0.103
Size	0.208**	−0.101	0.004	0.048	0.133*	1	0.428**	−0.007
TDR	−0.327**	−0.09	0.026	0.065	0.088	0.428**	1	0.106
HERF	0.184**	0.052	0.1	0.026	−0.103	−0.007	0.106	1

注：*、**、***分别表示相应系数在 0.1、0.05、0.01 水平下显著（双尾）。

从表 7-5 中观察所得，自变量高管团队教育程度异质性及任职期限异质性等均与因变量当年研发投入经费占营业收入的比例显著相关，其中，高管团队教育程度异质性在 0.1 水平下与当年研发投入经费占营业收入的比例相关系数为 0.149 且显著正相关，与 H_3 的假设相符，即创业板高新技术企业的高管团队教育程度异质性越大，则当年研发投入经费占营业收入的比例越高；高管团队任职期限异质性在 0.01 水平下与当年研发投入经费占营业收入的比例显著正相关，相关系数为 0.099，与预期假设 H_4 相同，即高管团队任职期限异质性越大，当年研发投入经费占营业收入的比例越高；性别异质性和年龄异质性与以当年研发投入经费占营业收入的比例为参数的创新绩效不相关；在控制变量中，企业规模与当年研发投入经费占

营业收入的比例相关系数为 0. 208 且显著正相关，表明创业板高新技术企业的规模越大，企业的经济实力就越强，科技创新决策越容易实施，从而企业创新绩效就会随之增加；资产负债率与当年研发投入经费占营业收入的比例相关系数为 0. 327 且显著负相关，说明企业资产负债率越高则企业的资金周转率就越差，就越难做出创新决策从而影响企业的创新绩效。调节变量股权集中度与当年研发投入经费占营业收入的比例显著正相关，其相关系数为 0. 184，表明股权集中度越高，企业越容易做出创新变革决策，则当年研发投入经费占营业收入的比例就越高。

7.7 回归分析

7.7.1 多重共线性检验

开展多元回归分析之前为避免检验偏差，首先对所建立的 3 个模型各变量进行多重共线性检验以检测是否有多重共线性问题，如表 7-6 所示。

表 7-6 各变量之间共线性统计量

变量	容差（*Tolerance*）	方差膨胀因子（*VIF*）
Dgend	0. 928	1. 077
Dage	0. 929	1. 076
Dedu	0. 974	1. 027
Dtime	0. 950	1. 053
HERF	0. 962	1. 040
Size	0. 779	1. 283
TDR	0. 797	1. 255

由表 7-6 中数据可得，所建模型的各变量容差最小指标为 0. 779，最大指标为 0. 974，均大于 0. 1；*VIF* 最小指标为 1. 027，最大指标为 1. 283，均小于 10；所以各变量间不存在多重共线性问题，可以进行多元回归分析。

7.7.2　多元回归分析结果

上文我们对自变量高管团队异质性、调节变量公司治理结构中股权集中度及因变量以研发投入经费占营业收入的比例为参数的企业创新绩效进行了相关性分析，接下来我们对几个变量的相关性结果进行验证。

（1）高管团队异质性与企业创新绩效相关性的回归分析。本章以高管团队人口特征异质性作为自变量，分别以企业当年的营业收入和企业当年资产负债率作为控制变量，以当年研发投入经费占营业收入的比例为参数的创新绩效作为因变量，对模型1进行回归分析，结果见表7-7。

表7-7　模型1回归系数及显著性检验

模型	非标准化系数		标准系数	*t*	精确显著性	多重共线性统计量	
	B	标准误差	试用版			容差	*VIF*
（常量）	15.385	2.725		5.647	0.000		
Size	7.448	1.813	−0.278	−4.108	0.000	0.81	1.234
TDR	−1.438*	1.874	−0.07	−0.767	0.082	0.802	1.247
Dgend	1.01	2.102	0.03	0.480	0.631	0.946	1.057
Dage	−6.597	6.326	−0.064	−1.043	0.298	0.968	1.033
Dedu	6.755**	3.199	−0.129	−2.111	0.036	0.987	1.013
Dtime	2.437**	1.096	−0.079	−2.223	0.027	0.968	1.033
样本数		1200		调整 R^2		0.116	
F		6.235		*P* 值		0.000	

从表7-7可以看出，模型1的 *F* 值均通过了0.01的显著性检验，表明任职期限异质性与当年研发投入经费占营业收入的比例显著相关，说明回归模型拟合效果良好。高管团队的教育程度异质性与当年研发投入经费占营业收入的比例相关系数为6.755且显著正相关，证明假设 H_3 成立，表明高管团队成员的教育程度异质性越大，则团队成员越容易做出创新决策，从而提升企业科技创新能力和决策水平，推动企业发展及提升创新绩效；高管团队的任职期限异质性与当年研发投入经费占营业收入的比例相

关系数为2.437且显著正相关，说明假设H_4成立，显示任职期限异质性越大，以研发投入经费占营业收入的比例为参数的创新绩效就越大。其中，高管团队的性别异质性、年龄异质性与当年研发投入经费占营业收入的比例不相关，其原因可能与本研究选取的数据有关，本研究选取2012—2016年的高管性别与年龄数据，数据有一定的局限性。另外，在控制变量中，研究数据显示企业规模的大小与企业创新绩效无明显关系，其原因可能是企业当年期末的总资产数据的局限性。资产负债率与以研发投入经费占营业收入的比例为参数的创新绩效相关系数为1.438且显著负相关，说明企业资产负债率越高，则企业的创新投入就越少，创新能力就越低，企业的创绩效效就越差，保持合理的资产负债率则能促进企业的创新绩效。

（2）股权集中度的调节效应分析。将股权集中度这一调节变量引入高管团队异质性与创新绩效中，来验证上文其对高管团队异质性与创新绩效的调节作用的相关性结果。回归分析结果见表7-8和表7-9。

表7-8　模型2回归系数及显著性检验

模型	非标准化系数		标准系数	t	精确显著性	多重共线性统计量	
	B	标准误差	试用版			容差	VIF
（常量）	16.73	2.736		6.115	0.000		
Size	−2.16	0	−0.078	−1.164	0.246	0.801	1.249
TDR	−6.844	1.804	−0.255	−3.795	0.000	0.797	1.254
Dgend	1.308	2.078	0.039	0.629	0.53	0.944	1.06
Dage	−5.152	6.267	−0.05	−0.822	0.412	0.961	1.041
Dedu	−6.601**	3.159	−0.126	−2.09	0.038	0.986	
Dtime	−2.988*	1.683	−0.097	−1.587	0.054	0.957	1.045
HERF	0.05***	0.019	−0.163	−2.671	0.008	0.962	1.04
样本数		1200		调整R^2		0.139	
F值		6.504		P值		0.000	

表 7-9　模型 3 回归系数及显著性检验

模型	非标准化系数		标准系数	t	精确显著性	多重共线性统计量	
	B	标准误差	试用版			容差	VIF
（常量）	20.105	7.663		2.624	0.009		
Size	-6.836	1.82	-0.255	-3.757	0.000	0.786	1.272
TDR	-1.96	0.692	-0.071	-2.832	0.003	0.769	1.300
Dgend	8.627	5.865	0.257	1.471	0.143	0.119	8.412
Dage	-20.614	10.691	-0.201	-1.928	0060	0.108	9.252
Dedu	11.753	6.614	-0.225	1.777	0.079	0.13	7.703
Dtime	-1.719	0.902	-0.056	-1.906	0.056	0.111	8.988
HERF	-0.149	0.046	-0.492	-3.270	0.005	0.007	143.47
Dgend×*HERF*	-0.238**	0.196	-0.336	-1.216	0.074	0.059	17.051
Dage×*HERF*	0.493	0.532	0.371	0.926	0.355	0.023	44.381
Dedu×*HERF*	0.449***	0.170	0.331	2.634	0.009	0.011	87.006
Dtime×*HERF*	0.038	0.016	-0.082	-0.239	0.811	0.031	32.75
样本数		1200		调整 R^2		0.248	
F 值		31.480		P 值		0.000	

从表 7-8 可以看出，模型 2 中，股权集中度与以当年研发投入经费占营业收入的比例为参数的创新绩效相关系数为 0.05 且显著正相关，P 值小于 0.01，说明企业最大股东所拥有的股份占公司总股份的比例越高，则当年研发投入经费占营业收入的比例越高。从表 7-9 可以看出，股权集中度与性别异质性和当年研发投入经费占营业收入的比例的调节效应的相关系数为 0.238 且显著负相关，P 值小于 0.1，表明股权集中度对性别异质性和以当年研发投入经费占营业收入为参数的创新绩效异质性两变量具有调节作用，性别异质性越小，企业越容易做出创新决策，则创新绩效就越高。股权集中度与教育程度异质性和当年研发投入经费占营业收入的比例的调节效应的相关系数为 0.449 且显著正相关，P 值小于 0.01，说明股权集中度对教育异质性和以当年研发投入经费占营业收入为参数的创新绩效异质性两变量具有调节作用，在股权集中度高的情况下，可以显著提高教育异

质性和创新绩效。股权集中度与年龄和任职期限异质性调节与当年研发投入经费占营业收入的比例不存在显著的相关关系，P 值分别为 0.493 和 0.038，说明股权集中度对高管团队年龄异质性和任职期限异质性与以研发投入占营业收入为参数的创新绩效不具有调节作用，H_3 假设得到部分验证，企业股权集中度越高，则企业最大股东的权力就越高，企业越容易做出创新决策，增加研发投入，促进高管团队性别异质性和教育程度异质性对以研发投入经费占营业收入的创新绩效的作用明显，但对高管团队年龄及任职期限异质性与以研发投入经费占营业收入的创新绩效的作用却不明显。

7.8 本章结论

本章主要以我国创业板高新技术企业为研究出发点，以研发投入经费占营业收入的比例为参数的创新绩效作为考核目标，研究高管团队异质性和公司治理对其的影响关系，同时对公司治理对高管团队异质性和创新绩效的调节效应进行探讨。选取我国 240 家创业板高新技术企业筛选出 1 200 个数据作为研究样本，首先进行研究的相关假设；其次根据自变量关系构建模型；再次运用 Spss 软件对自变量进行描述性分析和相关性检验，随后对其进行回归分析，对其高管团队异质性、公司治理结构的股权集中度及以研发投入占营业收入比例为参数的创新绩效的相关性进行研究并加以验证；最后得出以下结论。

（1）高管团队异质性和企业创新绩效具有显著的相关性。

通过回归性检验，H_3 和 H_4 的结论得到了验证，高管团队异质性中的教育程度异质性和任职期限异质性两个高管特征与以研发投入经费占营业收入的比例为参数的创业板高新技术企业创新绩效显著正相关，高管团队教育程度异质性和任职期限异质性越大，当年研发投入经费占营业收入的比例就越会增加，企业创新决策能力和核心创新技术提升就越快，企业创新绩效就越能够提高。人力资源是高新技术企业的第一大创新资源，高管团队人口特征的合理配置促进着创新投入比例的增加。高管团队教育程度和任职时间越不同，其在做创新决策的时候越能够从多方面做出思考，能够从不同视角看待问题，共同形成更全面、更合理的技术创新决策，在面对风险时能够更迅速地解决，提出不同的创新决策，在科技创新方面增加更多的投入，为企业的技术创新、创造更好的创新绩效夯实基础。

（2）公司治理结构能够调节高管团队异质性与企业创新绩效的相关性。

通过回归分析，H_3 假设得到了验证，以股权集中度为参数的创业板高新技术企业与高管团队异质性和创新绩效具有相关性且能够有效地调节两者之间的关系。其中，公司治理结构股权集中度与高管团队性别异质性交互项在负相关的情况下对以研发投入经费占营业额收入的比例为参数的创新绩效有调节作用，股权集中度与高管团队教育程度异质性交互项在正相关的情况下对创新绩效有调节作用，而数据显示，股权集中度和年龄异质性及任职期限异质性交互项没有显著关系，说明股权集中度对年龄异质性及任职期限异质性和以研发投入经费占营业额收入的比例为参数的创新绩效没有调节作用。这就要求创业板高新技术企业注重减少高管团队不同性别人员的构成，发挥性别优势，增强团队凝聚力和向心力从而提高企业创新决策与创新绩效。高管团队在人员配置上应该注重任职期限差异化，团队成员任职期限差异化越大，在做决策时对外部环境和内部环境越会进行全面的考虑，竞争意识相对越强，同时做出创新决策和实施创新技术的可能性越大，从而企业会进行更多的研发投入以提高创新绩效。因此，通过提升企业所有权集中度，建立一个合理的公司治理结构，从而鼓励高管团队做出更具竞争力、更利于企业可持续发展的技术创新决策。创业板高新技术企业通过提升企业股权集中度，完善最大股东的股权比例，能够增强最大股东的决策控制权，从而能够促进企业高管团队的团队建设，增加创新投入比例，促进创新绩效的快速实现，提高高新技术企业的竞争力。

第 8 章

高管海外背景对并购后创新绩效的影响分析

Chapter 8

8.1　研究假设

随着市场竞争越来越激烈，技术创新作为企业的核心竞争优势进一步刺激我国企业向技术革新迈进。除了依靠自身技术研发外，海外技术并购作为一种快速获取外部资源的手段受到企业的青睐。基于资源基础理论，企业创新活动所需的技术、知识、市场资源等包括内部本身所缺乏的资源都可以通过海外技术并购的方式获得，这种方式对企业创新绩效有很深远的意义。根据资源基础理论可以看出知识差异性对海外技术并购后的企业创新有明显影响，Cloodt、Hagedoom 和 Van Kranenburg（2006）指出，基于吸收能力理论，企业在获取海外先进资源后，进行进一步的整合和转化吸收才是创新的关键。在这个过程中，海外技术并购产生的外部创新成果通过在企业内部识别、转化、扩散，进而促进传统产业链条的技术革新，创造经济产出，企业只有真正把外部资源转化成自身资源，才能对技术创新能力有所提升，因此吸收能力对并购后期的创新产出是十分重要的，基于此，本章提出第一个假设：

H_1：吸收能力对企业并购后的创新绩效具有显著促进作用，即吸收能力越强的企业在实施海外技术并购后的创新绩效越好。

由于企业实施跨国并购后，双方的技术转移过程需要双方专业人员互相交流和学习，并购双方人员的认知水平决定了技术转移的成败。但并购主体涉及两个或两个以上的国家，文化制度有着巨大的差异，因此在技术转移中，整合更为复杂。基于高层梯队理论，高管人员作为企业的核心决策层，高管团队在跨国并购的战略制定、执行和并购后的整合的整个过程中都起到重要作用。对于这种技术并购中的文化冲突，具有海外背景的高管由于曾受到国外制度文化、社会风俗的熏陶，相比本土高管，对国外的技术引进的理解认知会更强。许多研究表明，具有海外经验的管理人才对海外技术转移、技术溢出、企业创新有积极作用。他们的海外经历会为其带来一定的优势，他们从发达市场获取的先进技术能够为新兴市场的技术追赶起到重要作用。现有的文献普遍认为具有国外经历的高管成员会对公司绩效产生影响，尤其是在公司的创新绩效方面。Filatotchev（2009）等使用中关村的高新技术企业的数据的实证研究发现，具有国外任职经验或国外学习经历的高管会带来正向显著的技术溢出，从而促进本土的高新技术企业的创新能力。但目前对高管团队的海外背景对跨国并购后技术创新绩效带来的影响的研究尚少。因此，作为新兴市场的企业，研究高管海外背景对并购后创新绩效的影响是非常有必要的。基于此我们提出假设 H_2：

H_2：高管团队的海外背景对实施跨国并购后的企业创新绩效具有正向促进作用，即相比本土高管，具有海外背景的高管对企业并购后的创新绩效影响更大。

由于海外背景具体又包括海外学习背景和海外工作背景，为了探究不同海外背景对企业创新绩效的影响，进一步对海外背景进行细分。具有海外工作背景的高管由于接受过相对完善的企业制度的系统培训，会对并购后的企业创新绩效起到促进作用。国外企业发展相对完善，具有海外背景的高管对企业运营、产品研发、营销模式有更深的理解，对技术创新有独特、灵敏的嗅觉，更有开发创新的意识。在海外工作过程中，能够吸收海外的隐性知识资源，从中积累的隐性资源越多，越有利于并购后的技术整合。此外，国外优秀企业对创新能力格外注重，具有海外工作经历的高管受到此种理念的熏陶，会更有利于大胆加强研发力度，促进企业创新产出。学者张进华（2011）在研究中指出，“输出型”工作背景的高管拥有更多的海外社会资源，而这些社会资源对企业创新绩效具有显著性促进作用。基于此，本章提出假设 H_{2a}：

H_{2a}：在我国企业进行跨国并购后，高管团队的海外工作经验会提高企业并购后的创新绩效。

高层梯队理论认为，高管的受教育程度与企业计息息息相关。Kimberly 和 Evanisko（1976）的研究指出教育程度高的管理者比教育程度低的管理者更善于管理和技术创新。对于我国这样的新兴市场而言，具有海外学习背景的高管一般是教育程度比较高的先进人才，由于接受过海外教育，更具有创新性思维，因此这些海外人才往往会具有更加独特的视角进而在企业创新中更为大胆。另外，这些海外人才由于具有国内外双重经历，能够更好地利用自己的专业技术、知识判断企业海外投资决策的执行效果，这种经历作为一种无形资产会帮助高管在并购中做出更稳健的战略决策，发现更多创新的机会。学者吴映玉、陈松（2017）在新兴市场企业的技术追赶战略研究中，发现高管团队的海外学习经历能够显著提升海外技术并购后的创新绩效。基于此，本章提出假设 H_{2b}：

H_{2b}：在我国企业进行海外技术并购后，高管团队的海外学习背景会促进并购后的创新绩效。

8.2　数据来源与样本选择

围绕研究目的，利用 Wind 数据库收集 2009—2015 年深沪两市 A 股上市的企业跨国并购案例。本研究选择首次披露日作为信息披露日。需要说明的是，选择此时间段做本研究的研究区间主要是由于从 2009 年以后企业 R&D 的相关信息披露才开始较为完善以及考虑到 2015 年我国上市公司经历了较大变动的影响。创新绩效即主并企业的专利申请数来源于国家知识产权局，同时参考 incoPat 数据库。高管海外背景以及并购方的财务指标均来自国泰安数据库。

在并购样本中，本研究依照下列准则对原始样本进行筛选：①主并企业是我国上市公司；②原则上，只筛选出并购成功的企业；③剔除 ST 类公司的并购事件；④考虑到要对主并企业的经营决策产生重大影响，主并企业要获得目标企业高于 20%的控制权；⑤若企业在研究年份中发生过多次并购事件，以并购交易额最大的交易事件作为研究样本。经过数据收集获得初始样本 207 个，经数据样本筛选后得到 160 个有效样本。

8.2.1 变量设计

（1）因变量。创新绩效（PAT）：企业发生跨国并购后的创新绩效是本研究关注的被解释变量，现在关于创新绩效的标准国内外学者并没有形成一致性意见，有的采用新产品数量，有的采用专利申请数和引用率。但多种指标之间存在显著的统计重叠问题（Hagedoom & Cloodt，2003），采用单一指标专利申请数研究创新绩效，考虑到专利申请的滞后性，将并购第一年和第二年专利申请数的平均值作为创新绩效的指标。

（2）自变量。高管海外背景是本研究关注的自变量，针对本研究中对于跨国并购后创新绩效的影响，基于高层梯队理论，观察在主并企业并购当年的高管团队中，高管团队整体海外背景水平，即在高管团队中是否存在具有海外背景的高管对创新绩效的影响，而非单个高管的海外背景。因此将自变量设为 0、1，1 表示在高管团队中存在具有海外背景的高管，0 则表示不存在。考虑到不同海外背景的差异，将海外背景分为海外学习背景和海外工作背景，对于二者也做出同样的设置。

（3）控制变量。国内外学者对跨国并购后的创新绩效研究已经相当丰富，考虑到以往关于跨国并购后创新绩效中的影响因素，本研究把企业成长能力、企业规模、偿债能力、企业盈利水平、吸收能力和技术并购作为该研究的控制变量。

企业成长能力（Growth）：对于企业成长能力的选取，主要参考了孙忠娟和谢伟（2011）的研究结论，即如果想要充分吸收、消化和运用企业外部并购的技术资源，就依赖于一些异质性因素，比如企业成长能力。具体取值为主并企业的营业收入增长率。

企业规模（Size）：早在 1985 年，Wagnei 和 Gooding 在研究中发现，规模大的企业比规模小的企业更能有效利用资源，提高组织创新。我国学者李梅等在对并购事件对创新绩效的影响的研究中，均把企业规模作为重要控制变量加以考虑。本研究借鉴 Bettis（1981）和 Li，Wong（2003）的研究，将并购企业总资产对数作为企业规模的代理变量。

偿债能力（Lev）：企业的偿债能力代表了主并企业一定程度上的持续发展能力。具体数值，本研究沿用学者赵文娜的定义，用主并企业的期末资产负债率表示。

企业盈利水平（Roa）：企业的财务状况是企业创新绩效的重要支撑（Lang & WaMing，1989）。关于创新绩效与盈利水平的关系，国内外学者主要有两种观点。促进型观点指出盈利水平高的企业，更有资源和能力投入创新活动。与此相对应的观点认为企业盈利水平和创新支出没有关系。本研究参考大多数文献的观点，将企业的盈利水平纳入本研究的控制变量，进行实证研究，用净利润除以总资产平均值表示。

吸收能力（Absorb）：Tsai（2001）提出具有高吸收能力的企业多数都具备更强的创新能力。吸收能力构建是一种企业主动实施的战略行为，在这一前提条件下企业研发投入的强度更能反映企业对实施吸收能力战略行为的意愿和倾向。因此，用研发投入与营业收入的比值这一能够反映企业研发投入强度的变量来测量吸收能力，构建这一战略行为。

技术并购（Tech）：Conte 和 Vivarelli（2014）研究指出相对非技术并购，比如某些企业以分散经营风险、开拓新市场、实施多元化战略等为目的进行的并购行为，技术并购更能促进企业的创新绩效。本研究参照学者王宛秋（2016）对技术并购的度量标准，将主并企业是否在并购公告中明确以获取对方技术作为技术并购的界定，是则取值为 1，不是则取值为 0。

具体变量体系如表 8-1 所示。

表 8-1　变量解释表

变量类型	变量名称	变量符号	衡量方法
因变量	创新绩效	*PAT*	企业 *i* 并购前后的专利申请数平均值
自变量	高管团队海外背景	*Overseas*	企业 *i* 高管团队是否拥有海外背景，1 为有，0 为无
	高管团队海外学习背景	*Overwork*	企业 *i* 高管团队是否拥有海外工作背景，1 为有，0 为无
	高管团队海外工作背景	*Overstudy*	企业 *i* 高管团队是否拥有海外学习背景，1 为有，0 为无
控制变量	企业成长能力	*Growth*	并购前一年营业收入增长率
	企业规模	*Size*	并购前一年总资产对数
	资产负债率	*Lev*	并购前一年资产负债率
	资产收益率	*Roa*	并购前一年资产收益率
	吸收能力	*Absorb*	并购前一年企业研发投入经费占营业收入的比例
	技术并购	*Tech*	是为 1，不是为 0
调节变量	企业成熟度	Age	并购年份与企业成立年份差值

8.3　描述性统计

通过收集整理 2009—2015 年深沪 A 股上市公司的跨国并购事件，统计出各变量的均值、最小值、最大值和方差，这些基本统计量的指标整理如表 8-2 所示。由表 8-2 可知，企业发生跨国并购后的创新绩效均值为 26.421 9，极大值与极小值之间差距甚远，存在创新绩效为 0 的情况，主要是由于进行跨国并购的企业并不全是技术型企业，可能存在专利申请数为 0 的情况；在企业高管海外背景的调查中，*overstudy* 均值为 0.300 0，即在高管团队中，具有海外学习背景的高管占所有高管的 30%，具有海外工作背景的占比 17.5%，由于具有海外学习背景和海外工作背景可能有重叠，海外背景并不是二者的加总。

表 8-2 变量描述性分析

描述统计量					
变量名称	样本数	极小值	极大值	均值	标准差
PAT	160	0.00	450.50	26.421 9	58.031 48
Overstudy	160	0.00	1.00	0.300 0	0.459 70
Overwork	160	0.00	1.00	0.175 0	0.381 16
Overseas	160	0.00	1.00	0.356 3	0.480 39
Tech	160	0.00	1.00	0.356 2	0.480 39
Age	160	6.00	57.00	16.300 0	6.496 06
Growth	160	-50.64	330.51	18.542 7	35.196 29
Roa	160	-15.70	43.66	7.380 3	7.341 34
Lev	160	2.60	86.93	42.838 6	20.599 71
Size	160	8.74	12.38	9.557 2	0.524 26
Absorb	160	0	48.15	3.603 7	4.876 52
有效的样本数（列表状态）	158				

8.4 相关性检验

为验证在各个变量之间是否存在相关性与多重共线性，本研究运用 Pearson 相关系数进行分析。具体相关结果如表 8-3 所示。

表 8-3 Person 相关性分析矩阵

	Pat	*Overstudy*	*Overwork*	*Overseas*	*Tech*	*Age*	*Growth*	*Roa*	*Lev*	*Size*	*Absorb*
Pat	1										
Overstudy	0.067										
	0.401										
Overwork	0.236**	0.380**	1								
	0.003	0.000									
Overseas	0.122	0.880**	0.619**	1							
	0.124	0.000	0.000								
Tech	0.200*	−0.060	−0.033	−0.036	1						
	0.011	0.453	0.674	0.655							
Age	−0.035	−0.016	0.052	−0.018	0.008	1					
	0.659	0.845	0.511	0.818	0.921						
Growth	0.011	0.040	0.121	0.039	−0.001	−0.072	1				
	0.893	0.613	0.128	0.625	0.985	0.364					
Roa	0.080	−0.144	0.046	−0.085	−0.072	0.038	0.157*	1			
	0.317	0.070	0.562	0.287	0.365	0.633	0.048				
Lev	0.112	−0.071	−0.060	−0.075	−0.100	0.074	0.105	−0.237**	1		
	0.160	0.376	0.451	0.345	0.209	0.351	0.186	0.003			
Size	0.283**	0.076	0.083	0.090	−0.069	0.162*	−0.033	−0.018	0.493**	1	
	0.000	0.341	0.295	0.258	0.383	0.041	0.675	0.818	0.000		
Absorb	0.125	0.209**	−0.011	0.180*	0.073	−0.105	−0.029	0.015	−0.406**	−0.224*	1
	0.114	0.008	0.892	0.022	0.358	0.186	0.715	0.849	0.000	0.004	

注释：*、**、***分别代表 10%、5%和 1%的置信水平上显著。

基于上述结果，不难看出，控制变量存在线性相关关系，多重共线性是指自变量之间存在线性相关关系，即一个自变量可以是其他一个或几个自变量的线性组合。如果变量间存在多重共线性，在对自变量的偏回归系数计算中矩阵不可逆。具体表现为：单个自变量与整个模型中的回归系数检验不相同，自变量的符号或者系数与实际情况并不相符，该回归检验并不具有统计学意义。在实际操作中，通常采用容忍度和 *VIF* 进行检验，其中最常用的是 *VIF*。为减少模型的误差，我们对其进行 *VIF* 检验（见表 8-4）。

表 8-4　*VIF* 检验

Variable	*VIF*	1/*VIF*
Overstudy	5.716	0.175
Overwork	2.134	0.469
Overseas	7.828	0.128
Tech	1.036	0.966
Age	1.050	0.952
Growth	1.110	0.901
Roa	1.196	0.836
Lev	1.746	0.573
Size	1.432	0.699
Absorb	1.287	0.777

从表 8-4 的结果可以看出，每个变量的方差膨胀因子都在 1 的水平之上，但没有超出 10 的临界值，据此可知，本研究所研究的各变量之间没有出现多重共线性问题。

8.5　高管海外背景对并购后创新绩效的影响

8.5.1　模型设定

针对前文提出的假设，以跨国并购后的创新绩效，即并购后第一年和第二年的专利申请数均值作为因变量，建立高管海外背景对创新绩效的回归模型。

为了验证假设 H_1，吸收能力对企业并购后的创新绩效具有显著促进作用，建立多元线性回归模型：

$$PAT=\beta_0+\beta_1 Absorb+\beta_2 Overseas+\beta_3 Control+\varepsilon \tag{8-1}$$

为了验证假设 H_2，对于我国进行海外技术并购的企业而言，高管团队的海外背景促进企业并购后的创新绩效，引入控制变量，就研究的主效应建立多元线性回归模型：

$$PAT=\beta_0+\beta_1 Overseas+\beta_2 Control+\varepsilon \tag{8-2}$$

为了验证假设 H_{2a} 和 H_{2b}，对我国进行海外技术并购的企业而言，高管团队的海外工作经验会促进企业并购后的创新绩效，建立多元线性回归模型：

$$PAT=\beta_0+\beta_1 Overstudy+\beta_2 Overwork+\beta_3 Control+\varepsilon \tag{8-3}$$

8.5.2 计量结果分析

（1）主效应分析。首先，高管作为企业实施跨国并购后的决策主体，对并购后创新绩效的影响不容忽视。为了分析总体上高管海外背景对并购后创新绩效的影响，本研究采用 Stata13.0 计量分析软件进行回归检验，数据分析结果如表 8-5 所示。

表 8-5　整体回归结果

变量名称	被解释变量：*PAT*			
	模型 1a	模型 2a	模型 3a	模型 4a
Overseas	0.122* (1.548)	0.089 (1.170)	0.114* (1.526)	0.069 (0.921)
Tech		0.232*** (3.123)	0.232* (3.123)	0.213*** (2.888)
Age	-0.077 (-1.034)			

续表

变量名称	被解释变量：*PAT*			
	模型 1a	模型 2a	模型 3a	模型 4a
Growth	-0.017 (-0.221)			
Roa	0.140* (1.767)	0.111 (1.494)		
Lev	0.117 (1.220)			
Size	0.291*** (3.328)	0.291*** (3.906)	0.330*** (4.335)	
Absorb	0.194** (2.374)		0.171** (2.217)	
R-squared	0.015	0.191	0.152	0.166
Adj R-squared	0.009	0.148	0.130	0.144
F	3.875	4.446	6.922	7.701

注释：***、**、*分别表示在1%、5%、10%的水平上显著。

从计量结果看，模型1a、模型2a对假设H_1、假设H_2进行了检验，数据显示，吸收能力对企业创新绩效具有显著促进作用，另外，高管海外背景对跨国并购后的创新绩效存在显著正效应，即相比主并企业没有具有海外背景的高管而言，具有海外背景高管的企业在实施跨国并购后的创新绩效更高。在此基础上进行逐步回归，探究跨国并购后的创新绩效的其他影响因素，将控制变量全部考虑进来后建立模型2a，结果发现除了高管海外背景特征、吸收能力外，是否为技术并购、主并企业的ROA，企业规模也对创新绩效存在显著性影响，具体表现为，并购类型是技术并购的要比非技术并购的对创新绩效提升作用更强；主并企业ROA越大，企业并购后的创新绩效越高；企业规模越大，并购后的创新绩效越高。

（2）分效应分析。事实上，对于我国而言，高管的海外背景具体包括海外工作背景和海外学习背景，不同的海外背景可能对创新绩效的影响不同，在研究中不能一概而论。一些学者提出，相对于海外工作背景，仅在海外学习的高管，比仅在海外工作的高管掌握更多的理论知识，但缺少实践经验，因此在企业跨国并购后，对创新绩效的影响并不能以偏概全。以往关于高管海外背景的研究中，均将海外背景一概而论，没有考虑到海外背景中工作背景和学习背景对创新绩效的影响差异，因此，将海外背景区分开来观察对创新绩效的影响是非常有必要的。变量回归的分析结果如表 8-6所示。

表 8-6 分类回归结果

变量名称	被解释变量：*PAT*			
	模型 1b	模型 2b	模型 3b	模型 4b
Overstudy	-0.027 (-0.319)	-0.059 (-0.728)	-0.066 (0.817)	
Overwork	0.246*** (2.935)	0.258*** (3.274)	0.240*** (3.065)	0.214*** (2.990)
Tech		0.231*** (3.197)	0.218*** (3.022)	0.223*** (3.100)
Age		-0.090 (-1.243)		
Growth		-0.042 (-0.564)		
Roa		0.121* (1.557)	0.078 (1.064)	0.089 (1.241)
Lev		0.142 (1.510)		
Size		0.279*** (3.275)	0.329*** (4.444)	0.323*** (4.390)
Absorb		0.231** (2.867)	0.198** (2.608)	0.182** (2.484)
R-squared	0.056	0.239	0.220	0.177
Adj R-squared	0.044	0.194	0.189	0.156
F	4.680	5.243	7.183	8.355

注释：***、**、*分别表示在1%、5%、10%的水平显著。

从变量回归的结果看，高管的海外工作背景对创新绩效确实存在正向影响，且在 0.01 的水平上显著，而高管的海外学习背景对创新绩效则不存在此种影响。进而进行逐步回归，但无论在哪个模型中，高管的海外学习背景对并购后的创新绩效都不存在显著性作用，相反，高管的海外工作背景对创新绩效的促进作用很明显。相对于模型 1a，高管海外工作背景的相关性系数明显提升，且显著性水平明显增高，模型的拟合优度表现得也更好，这也从侧面解释了模型 2a 中高管海外背景对创新绩效影响并不显著的原因，从深层次来讲，高管海外学习背景削弱了高管海外背景整体对创新绩效的提升，高管海外背景对创新绩效的影响事实上是高管海外工作背景所起的显著性作用。

8.5.3　稳健性检验

稳健性检验是检验结果可靠性的重要方式，本研究在进行回归分析时选择了主并企业在并购后第一年和并购后第二年专利申请数的均值作为因变量，研究了高管的海外背景对企业并购后的创新绩效的影响，为了检验上述影响因素对创新绩效的稳健性，本研究考虑将因变量替换为主并企业在并购后第一年和并购后第二年专利申请数的均值，相对于并购前一年的增减，若并购后第一年和第二年的均值与并购前一年相比有所增加，则取值为 1，否则，将取值为 0，再次对变量进行多元线性回归，得到如表 8-7 所示的回归结果。

表 8-7　稳健性检验

变量名称	被解释变量：PAT_1			
	模型 1c	模型 2c	模型 3c	模型 4c
Overstudy		0. 042 (-0. 489)	-0. 101 (-1. 187)	
Overwork	0. 161 * * (2. 032)	0. 168 * * (1. 970)	0. 193 * * (2. 313)	0. 154 * * (2. 006)
Overseas				

续表

变量名称	被解释变量：PAT_1			
	模型 1c	模型 2c	模型 3c	模型 4c
Tech	0.019 (0.236)			
Age	0.072 (0.912)			
Growth	-0.014 (-0.174)			
ROA	-0.003 (-0.035)			
Lev	-0.042 (-0.410)			
Size	-0.130 (-1.415)			
Absorb	0.177** (2.078)		0.239*** (3.028)	0.218*** (2.827)
R-squared	0.096	0.025	0.079	0.070
Adj R-squared	0.048	0.012	0.061	0.059
F	1.996	1.980	4.445	5.948

表 8-7 稳健性结果的数据显示，改变创新绩效的度量方式，高管的海外工作背景依然存在对并购后创新绩效的显著正效应；但高管的海外学习背景依旧不显著，与回归结果一致。除了高管海外学习背景外，吸收能力对创新绩效的正效应依然存在。

8.6 并购成熟度的调节作用

8.6.1 模型设定

本章将主并企业自身发展的成熟程度定义为企业成熟度。经过文献的查阅，本研究认为并购经验、公司年龄、企业成长能力和公司规模能够在一定程度上凸显企业的成熟度。在企业年龄方面，Tsai、Hsieh 等（2011）

发现，技术并购与创新呈正相关，而企业年龄会强化二者之间的关系。也就是说，年长的企业更有能力对并购流程进行有效规范的管理，同时推动新技术知识的吸收与消化，从而达到跨国并购提高企业创新绩效的目标。对于企业成长能力和企业规模的选取，主要参考了孙忠娟和谢伟（2011）的研究结论，即如果想要充分吸收、消化和运用企业外部并购的技术资源，就依赖于一些异质性因素，比如企业 ROA、企业规模等。实证研究也为以上论证提供证明，一般来说，一个成熟的企业具有丰富的市场经验和规范的管理体系，在并购的过程中，对于目标企业的选择和后期整合更具备明显的优势，同时也会具有更高的吸收技术的能力，对于与自身创新战略相匹配的技术的识别以及对并购技术资源的转化和再利用都相对更容易一些。

8.6.2 计量结果分析

考虑到高管海外背景中只有高管的海外工作背景对创新绩效存在正向效应，因此，在以下研究中，只考虑海外工作背景建立回归模型。将调节变量企业成熟度与高管海外背景建立交叉项，观察对被解释变量创新绩效的效用。

表 8-8 并购成熟度的调节效应

变量名称	被解释变量：PAT_1			
	模型 1d	模型 2d	模型 3d	模型 4d
Overwork	0.236*** (3.247)	0.654*** (2.970)	0.602*** (2.936)	0.578*** (2.819)
Tech	0.236*** (3.276)		0.216*** (2.991)	0.205*** (2.852)
Age	-0.089 (-1.232)	0.021 0.245	-0.029 (-0.370)	-0.029 (-0.370)
Growth	-0.045 (-0.600)		-0.036 (-0.488)	

续表

变量名称	被解释变量：PAT_1			
	模型 1d	模型 2d	模型 3d	模型 4d
ROA	0.133* (1.742)		0.125* (1.651)	0.085 (1.196)
Lev	0.147* (1.567)		0.152 (1.632)	
Size	0.271*** (3.215)		0.276*** (3.294)	0.342*** (4.637)
Absorb	0.218*** (2.779)		0.218*** (2.809)	0.174** (2.391)
Overwork×age		-0.452** (-2.014)	-0.399* (-1.905)	-0.392* (-1.873)
R-squared	0.237	0.082	0.255	0.241
Adj R-squared	0.196	0.064	0.210	0.206
F	5.850	4.632	5.694	6.906

通过对模型中加入调节变量企业成熟度，模型 R^2 得到了显著性提升，且高管海外背景与企业成熟度的交叉项系数显著性为负，说明企业成熟度即企业并购年龄在高管海外工作背景对创新绩效影响中起到了负向调节作用，与我们的假设完全相反，企业成熟度非但没有加强高管海外工作背景对于创新绩效的正效应，反而削弱了，对于背后的原因，可能是企业成熟度越高，越容易思维固化，而在跨国并购中，往往需要突破思维禁锢，改变传统观念，大胆创新。从另外一方面也说明了，企业并购年龄越短的企业，越敢于采用高管的意见，进而在高管海外工作背景对创新绩效的影响中产生正向调节作用。

第 9 章

结论与展望

Chapter 9

近年来，越来越多的中国企业为了实现技术创新，保持竞争优势，纷纷通过海外技术并购的方式，从国外相关企业获取自身发展所需的先进的知识、技术和管理经验，并以此为基础，进行进一步的技术创新，以达到在与发达国家跨国企业的竞争中，弯道超车的目的。但是，由于环境、制度和文化的差异，大量中国企业进行的海外技术并购都遭到了失败，这也要求学者们就这一方面的问题进行不同以往的研究，以期为未来企业进行海外技术并购取得成功提供理论上的支持。

本书围绕海外技术并购后的绩效表现，从并购企业主体特征、高管海外背景等影响因素出发，就其对企业价值创造能力和股价的影响，从理论分析、实证验证等方面进行了全面和系统的研究。作为本书的研究结论部分，本章将对全文进行总结，对本书的研究路线和研究结论进行归纳概括，对未来企业进行海外技术并购实践提供意见和建议，并指出本研究在研究中的局限性，对未来可能的研究方向做出合理的预期。

9.1 研究结论

（1）我们通过参数检验和非参数检验的分析技术对海外技术并购前后三个维度的绩效变化进行了研究，分别是财务绩效、创新绩效和股价整体上的差异变化。得出的结论包括：①海外技术并购的确给企业的财务绩效带来了影响，并且这种影响是负向的，即并购后的财务绩效相比并购前是弱化的；②海外技术并购整体上对企业创新绩效带来影响，并且这种影响是积极的，即并购后的创新绩效相比并购前有所提高；③采用的均值比较方法，得出的结论是并购前后股价波动存在显著的变化，而采用更为稳健的非参数检验以后，并不能检验出显著的差异。结合这两种分析结果，我们认为并购前后，股价波动产生了变化，但并不是特别显著，这种差异可能是由随机误差引起的。

（2）关于主并企业主体特征对并购所带来的股价波动的影响，得出的主要结论是：①治理结构因子对并购后股价的变动具有显著影响，并且为正向影响，也就是说治理结构因子得分越高，并购企业并购后股价（30 天平均值）相比并购前（30 天平均值）涨幅越大。从因子分析的载荷矩阵得知，治理结构因子与企业董事会规模成正比，与独立董事占比成反比，换言之，企业董事会规模越大，独立董事占比越小，并购后股价涨幅越高。②并购经验因子对并购后股价的变化具有显著的负向影响，并购经验因子得分越高，并购企业并购后的涨幅越小，并购经验因子主要反映了企业在并购时成立时间和并购次数上的信息，并购时成立时间和并购次数对于股价波动存在负向影响。③股权集中度（前五大股东持股比例）对于并购前后股价波动存在积极影响，具体而言，前五大股东持股比例越高，并购后股价上涨的幅度越大，这也从一定程度上说明了，相对集中的股权结构更利于操作股价，影响股票市场的短期表现，从而实现资本投机。④市场行情对于并购企业股价变动存在显著影响，且影响是正向的，也就是说，如果并购事件发生前后的市场行情有了较大幅度的上涨，那么会引起并购企业的股价相应有较大幅度的上涨。

（3）主体特征对并购后创新绩效的影响是本研究的主要实证内容之一，对此得出的主要论点是：①经营状况因子对企业海外技术并购后的创新绩效变化存在显著正向影响，这说明了企业经营状况越好，主并企业的盈利能力越强，诸如营业收入、净利润、营业利润和无形资产等越好，并购后的创新绩效越好；②并购经验因子对创新绩效存在显著影响，企业在并购和管理上越有经验，企业在并购整合管理上越有效率，越有助于企业对新知识的吸收和转化，从而提高创新绩效。除此之外，公司治理结构和规模对海外技术并购的创新绩效并无显著影响。

（4）高管团队的异质性特征对企业创新绩效存在显著性影响。①高管团队异质性中的教育异质性和任职期限异质性两个高管特征与以研发投入经费占营业收入的比例为参数的创业板高新技术企业创新绩效显著正相关，高管团队教育异质性和任职期限异质性越大，当年研发投入经费占营业收入的比例就越会增加，企业创新决策能力和核心创新技术提升就越快，企业创新绩效就越能够提高。②以股权集中度为参数的创业板高新技术企业治理结构与高管团队异质性和创新绩效具有相关性且能够有效地调节两者之间的关系。其中，公司治理结构中股权集中度与高管团队性别异质性交互项在负相关的情况下对以研发投入经费占营业额收入的占比为参数的创新绩效有调节作用，股权集中度与高管团队教育程度异质性交互项在正相关的情况下对创新绩效有调节作用。

（5）高管海外背景对跨国并购后的创新绩效存在显著正效应。①通过整体分析，相比主并企业没有具有海外背景的高管而言，具有高管海外背景的企业在实施跨国并购后的创新绩效更高；②高管海外的工作背景对创新绩效确实存在正向影响，且在0.01的水平上显著，而高管海外学习背景对创新绩效则并不存在此种影响。

9.2 对未来企业进行海外技术并购实践的意见和建议

（1）充分认识到海外技术并购对企业绩效和股价变动的影响，在进行海外技术并购和海外经营时，根据所处的环境、制度和文化的差异，对企业的并购、整合策略和主体特征进行相应的调整，使之与所处的环境、制度和文化相适应，并在此基础上形成对自身发展具有推动作用的相关的企业主体特征。

（2）在明确主并企业海外技术并购对企业绩效和股价的变动具有重要的影响之后，企业可以利用这种变动的趋势采取进一步的经营管理行为，为其实现最大化目标服务。这些行为主要表现在：一方面，在对股价变动的趋势进行了科学合理的测算之后，企业可以在资本市场上通过对股票的增持或减持行为获利，为自己以后的生产经营和技术创新活动提供更为充裕的资金支持；另一方面，企业应该将更多的主体特征因素纳入比较分析的体系中，寻找出对股价和创新绩效影响最大和最直接的因素，并形成最优化组合，使企业的主体特征更加稳定，从而对企业的市场绩效和创新绩效的影响达到最大化，使企业的最大化目标的实现更加容易。

9.3 局限性和未来可能的研究方向

9.3.1 研究的局限性

（1）关于企业主体特征对股价变动的影响，学术界基本上对此的研究仍然是一片空白，以此为主要对象的研究成果非常少，有限的研究主要集中在海外技术并购带来的股东财富变化对股价变动的影响上。因此，本研究可供直接借鉴的文献略显不足，研究结果相对比较单薄。

（2）关于企业海外技术并购对企业创新绩效影响的研究成果，绝大多数都是以西方发达国家的企业作为研究样本的，对发展中国家企业海外技术并购的研究有限，而且基本上都是以整体发展模式进行的，这方面的结论在学术上仍然没有得到实证检验，在实践中也没有得到企业在组织架构和经营机制上的检验。

（3）本研究只是针对海外技术并购对股价和创新绩效的影响进行的。

但是，对于企业来说，其海外技术并购及结果是一个全面、系统、综合的体系，企业海外技术并购对其股价和创新绩效的影响，不仅取决于并购的过程，还取决于企业对风险的认识和控制。因此，从这方面看，本研究的视野仍然比较窄，相对应地，本研究的结果也显得比较片面。

（4）在理论界现有的对海外技术并购的研究中，对企业股价和创新绩效等的研究都是单向的，也就是说，研究主要集中在并购对股价和创新绩效的影响方面。而对于股价和创新绩效对企业海外技术并购的动机、路径以及企业主体特征的影响，即其反作用，却没有学者进行专门的研究。同样的问题，也反映在本研究中。

9.3.2 未来研究的方向

（1）在未来的研究中，应该立足于我国企业海外技术并购的基本情况，以我国企业在海外市场中的技术并购为样本和抓手，全面研究我国企业在海外技术并购中主并企业主体特征及表现，并对这些特征对企业的市场绩效和创新绩效的影响进行更加全面的探讨，从而探索出一条适合我国企业海外技术并购的路径。

（2）在未来的研究中，可以尝试对引起既定控制变量的解释变量进行探索，找出导致企业海外技术并购后市场绩效和创新绩效变化的影响因素都有哪些，这些影响因素之间是否存在着相关的关系，以及如何将这些影响因素与所处的环境、制度和文化等相结合，产生出新的企业主体特征。通过这些研究，可以把对海外技术并购的研究提升到另外一个层次。

（3）在未来的研究中，研究者不仅要从理论假设的角度对企业的海外技术并购对股价和创新绩效的影响进行研究，还要将与海外技术并购相关的因素，特别是财务风险和经营风险等因素纳入研究体系中，从而使这方面的研究更加全面，也更能接近现实，为企业未来的海外技术并购活动提供更为合理的理论支撑。

由于在这方面的研究中，前人的研究成果不多，使得本研究在整体上仍存在着一些缺陷和不足。虽然本研究的结果在客观上仍然存在着一些问题，但是对于与企业海外技术并购相关的研究来说，本研究的研究成果也在一定程度上填补了前人没有利用企业主体特征、高管海外背景（尤其是区分海外工作背景和海外学习背景）对企业的市场绩效（股价）和创新绩效进行分析的研究空白。也希望通过本研究，为未来中国企业海外技术并购提供理论和实践上的支持。

参考文献

[1] Acorhay, AT Rad. International Acquisitions and Shareholder Wealth Evidence from the Netherlands [J]. International Review of Financial Analysis, 2000, 9 (2): 163-174.

[2] Acharya, V. V., Subramanian, K. V. Bankruptcy Codes and Innovation. Ssrn Electronic Journal, 2007, 22 (12): 4949-4988.

[3] Aghion, P., Tirole, J.. Formal and Real Authority in Organizations. Working Papers, 1994, 105 (1): 1-29.

[4] Ahammad, M. F., Tarba, S. Y., Frynas, J. G., Scola, A.. Integration of Nonmarket and Market Activities in Cross-border Mergers and Acquisitions [J]. British Journal of Management, 2017, 28 (4): 629-648.

[5] Ahuja G., Katila R. Technological Acquisitions and the Innovation Performance of Acquiring Firms: A Longitudinal Study [J]. Strategic Management Journal, 2001, 22 (22): 197-220.

[6] Akdis M., Simon H. U., Weigl L., et al. Skin Homing (Cutaneous Lymphocyte-associated Antigen-positive) CD8+ T Cells Respond to Superantigen and Contribute to Eosinophilia and IgE Production in Atopic Dermatitis [J]. Journal of Immunology, 1999, 163 (1): 466-475.

[7] Amihud, Y., Mendelson, H.. Liquidity, the Value of the Firm, and Corporate Finance [J]. Journal of Applied Corporate Finance, 2008, 20 (2): 32-45.

[8] Andriosopoulos, D., Barbopoulos, L. Relative Equity Market Valua-

tion Conditions and Acquirers' Gains [J]. Review of Quantitative Finance and Accounting, 2017, 49 (3): 855-884.

[9] Arrow, K. J., & Bresnahan, T. F. Annotated Listing of New Book. [J]. Journal of Economic Literature, 2016, 54 (2): 605-759.

[10] Arruda, L. R., Lameira, V. d., Quelhas, O. L. G., Pereira, F. N. Sustainability in the Brazilian heavy construction industry: An analysis of organizational practices [J]. Sustainability, 2013, 5: 4312-4328.

[11] Ashraf, A., Herzer, D., Nunnenkamp, P.. The Effects of Greenfield FDI and Cross-border M&As on Total Factor Productivity [J]. World Economy, 2016, 39 (11): 1728-1755.

[12] Badik, M.. Motives and Reasons of the Bank Mergers in The Eu [J]. 11th International Conference on Finance and Banking: Future of the European Monetary Integration, 2007: 57-69.

[13] Bank of China Ltd. Beijing Annual Report (2011) [R/OL]. http://ezpprod1.hul.harvard.edu/login? url = http://search.ebscohost.com/login.aspx? direct=true & db=bth & AN=100283409 & site=bsilive & scope=site

[14] Barkema H. G., Chen X. P., George G., et al. West Meets East: New Concepts and Theories [J]. Academy of Management Journal, 2015, 58 (2): 460-479.

[15] Barkema V. H. Learning through Acquisitions [J]. The Academy of Management Journal, 2001, 44 (3): 457-476.

[16] Barney J. B., Firm Resource and Sustained Competitive Advantage [J]. Journal of Mangement, 1991, 17 (1): 99-120.

[17] Bena J, Kai L. I. Corporate Innovations and Mergers and Acquisitions [J]. The Journal of Finance, 2014, 69 (5): 38.

[18] Bhagat, S., Bolton, B. Corporate Governance and Firm Performance

[J]. Journal of Corporate Finance, 2008, 14 (3): 257-273.

[19] Black, E. L., Doukas, A. J., Xing, X., Guo, J. Gains to Chinese Bidder Firms: Domesticvsvs. Foreign Acquisitions [J]. European Financial Management, 2015, 21 (5): 905-935.

[20] Boateng, A., Qian, W., Tianle, Y. Cross-border M&As by Chinese firms: An analysis of strategic motives and performance [J]. Thunderbird International Business Review, 2008, 50 (4): 259-270.

[21] Brakman, S., Garretsen, H., Van Marrewijk, C., Van Witteloostuijn, A. Cross-Border Merger & Acquisition Activity and Revealed Comparative Advantage in Manufacturing Industries [J]. Journal of Economics & Management Strategy, 2013, 22 (1): 28-57.

[22] Business Policy & Strategy Conference Paper Abstracts. [A]. Academy of Management Annual Meeting Proceedings, 2011 (1): 2-872.

[23] Barney J. Firm Resources and Sustained Competitive Advantage [J]. Journal of Management, 1991, 17 (1): 99-120.

[24] C. Langetieg. An Application of a Three-Factor Performance Index to Measure Stockholder Gains From Merger [J]. Journal of Financial Economics, 1978, 6 (4): 365-383.

[25] Caiazza, R., Shimizu, K., Yoshikawa, T. Cross-Border M & A: Challenges and Opportunities in Global Business Environment [J]. Thunderbird International Business Review, 2017, 59 (2): 147-151.

[26] Caiazza, S., Pozzolo, A. F., Trovato, G. Do Domestic and Cross-border M & As Differ? Cross-country Evidence from the Banking Sector [J]. Applied Financial Economics, 2014, 24 (14): 967-981.

[27] Cameron, G., Proudman, T., Redding, S. Technological Convergence, R&D, Trade and Productivity Growth [J]. European Economic

Review, 2005, 49 (3): 519-530.

[28] Canace, T., Mann, S. The Impact of Technology-motivated M & A and Joint Ventures on the Value of IT and non-IT Firms: A New Examination [J]. Review of Quantitative Finance & Accounting, 2014, 43 (2): 333-366.

[29] Carla D., Jones. The Effects of CEO and Top Management Team Heterogeneity on Competitive Aggressiveness [J]. Arizona: Arizona State University, 2009.

[30] Cassiman, Bruno, et al. The impact of M&A on the R&D Process: An Empirical Analysis of the Role of Technological-and Market-relatedness [J]. Research Policy, 2005, 34 (2): 195-220.

[31] Cefis E., Marsili O. Crossing the Innovation Threshold Through Mergers and Acquisitions [J]. Research Policy, 2015, 44 (3): 698-710.

[32] Chakrabarti, A., Hsieh, Y. T., Chang, Y. Cross-border Mergers and Market Concentration in a Vertically Related Industry: Theory and Evidence [J]. Journal of International Trade & Economic Development, 2017, 26 (1): 111-130.

[33] Chalencon, L., Colovic, A., Lamotte, O., Mayrhofer, U. Reputation, E-Reputation, and Value-Creation of Mergers and Acquisitions [J]. International Studies of Management & Organization, 2017, 47 (1): 4-22.

[34] Chen, J., Liu, Z. The Impact of Technological Hyperlearning on Innovation Performance Under the Open Innovation Pattern [J]. Engineer Management, 2011, 25 (4): 1-7.

[35] Chen, Y., Werle, H. Chinese Inward Mergers & Acquisitions by European Companies and Chinese Outward Mergers & Acquisitions in Europe: A Comparative Study of Critical Success Factors [J]. University of St. Gallen, Business Dissertations, 2013: 1-477.

[36] Chen, Z., Han, B., Zeng, Y. Financial Hedging and Firm Per-

formance: Evidence from Cross-border Mergers and Acquisitions. [J]. European Financial Management, 2017, 23 (3): 415-458.

[37] Chikamoto, K., Takeda, F., Yokoyama, A. Cross-Border M&As and Firm Value: A Comparison of China-and US-Japan M&As [J]. Contemporary Economic Policy, 2016, 34 (2): 352-368.

[38] Chunlai Chen, Z., Findlay, C. A Review of Cross-border Mergers and Acquisitions in APEC. [J]. Asian-Pacific Economic Literature, 2003, 17 (2): 14-38.

[39] Cockburn I., Henderson R. Public-private Interaction in Pharmaceutical Research [J]. Proceedings of the National Academy of Sciences of the United States of America, 1996, 93 (23): 12725-12730.

[40] Cogman, D., Jaslowitzer, P., Rapp, M. S. Why Emerging-market Companies Acquire Abroad [J]. McKinsey Quarterly, 2015, (3): 21-23.

[41] Col, B. Agency Costs of Moving to Tax Havens: Evidence from Cross-border Merger Premia [J]. Corporate Governance: An International Review, 2017, 25 (4): 271-288.

[42] Danis, Molood O. The Development of the Tourism Industry in Libya [D]. University of Huddersfield, 2006.

[43] De George, E., Li, X., Shivakumar, L. A review of the IFRS adoption Literature [J]. Review of Accounting Studies, 2016, 21 (3): 898-1004.

[44] DeMattos, C., Salciuviene, L., Pugliese, G. Investigating the Role of International Business Negotiations in Cross-Border M&As in The Banking Sector [J]. Economics & Management, 2008: 247-255.

[45] Deng, P., Yang, X., Wang, L., Doyle, B. Chinese Investment in Advanced Economies: Opportunities and Challenges [J]. Thunderbird Inter-

national Business Review, 2017, 59 (4): 461-471.

[46] Dietmar Harhoff. Innovation, Entrepreneurship and Demographie [J]. Perspektiven Der Wirtschaftspolitik, 2008, 9 (s1): 46-72.

[47] Ding, X., Mo, J., Zhong, L. The Effect of Cross-Border Mergers and Acquisitions on Earnings Quality: Evidence from China [J]. Thunderbird International Business Review, 2017, 59 (4): 519-531.

[48] D. K. Datta, G. Puia. Cross-border Acquisitions: An Examination of The Influence of Relatedness and Cultural Fit on Shareholder Value Creation in U. S. Acquiring Firms [J]. Management International Review, 1995, 35 (4): 337-359.

[49] Domingues, A. R., Lozano, R., Ceulemans, K., Ramos, T. B. Sustainability Reporting in Public Sector Organisations: Exploring the Relation Between the Reporting Process and Organisational Change Management for Sustainability [J]. Journal of Environmental Management, 2017, 192: 292-301.

[50] Don Knight, Craig L. Pearce, Ken G. Smith, et al. Top Management Team Diversity, Group Process, and Strategic Consensus [J]. Strategic Management Journal, 1999, 20 (5): 445-465.

[51] Eccles, R. G., Ioannou, I., Serafeim, G. The Impact of Corporate Sustainability on Organizational Processes and Performance [J]. Management Science, 2014, 60: 2835-2857.

[52] Edamura, K., Haneda, S., Inui, T., Tan, X., Todo, Y. Impact of Chinese Cross-border Outbound M&As on firm Performance: Econometric Analysis Using Firm-level Data [J]. China Economic Review, 2014, 30: 169-179.

[53] Engel, D., Procher, V. Home Firm Performance After Foreign Investments and Divestitures [J]. World Economy, 2013, 36 (12): 1478-1493.

[54] Entezarkheir M., Moshiri, S. Mergers and Innovation: Evidence

from a Panel of U. S. Firms [J]. Social Spience Electronic Publishing, 2016, 11: 43.

[55] Faelten, A., Gietzmann, M., Vitkova, V. Learning from Your Investors: Can the Geographical Composition of Institutional Investors Affect the Chance of Success in International M & A Deals? [J]. Journal of Management & Governance, 2015, 19 (1): 47-69.

[56] Ferreira, M. A., Massa, M., Matos, P. Shareholders at the Gate? Institutional Investors and Cross-Border Mergers and Acquisitions [J]. Review of Financial Studies, 2010, 23 (2): 601-644.

[57] Filatotchev I., Liu X., Buck T., et al. The Export Orientation and Export Performance of High-technology SMEs in Emerging Markets: The Effects of Knowledge Transfer by Returnee Entrepreneurs [J]. Journal of International Business Studies, 2009, 40 (6): 1005-1021.

[58] Finkelstein S., Hambrick D. C. Top-Management-Team Tenure and Organizational Outcomes: The Moderating Role of Managerial Discretion [J]. Administrative Science Quarterly, 1990, 35 (3): 484.

[59] Finkelstein S., Hambrick D. C. Chief Executive Compensation: A Synthesis and Reconciliation [J]. Strategic Management Journal, 1988, 9 (6): 543-558.

[60] Fleming L. Recombinant Uncertainty in Technological Search [J]. Management Science, 2001, 47 (1): 117-132.

[61] Florio, M., Ferraris, M., Vandone, D. Motives of Mergers and Acquisitions by Stateowned Enterprises [J]. International Journal of Public Sector Management, 2018, 31 (2): 142-166.

[62] Francoeur C. et a1. Gender Diversity in Corporate Governance and Top Management [J]. Journal of Business Ethics, 2008 (1): 83-95.

[63] Fredrickson W., Carpenter, A. Top Management Teams, Global Strategic Posture, and the Moderating Role of Uncertainty [J]. The Academy of Management Journal, 2001, 44 (3): 533-545.

[64] Fanchen Meng, Hui Miao. The Correlation Analysis between Cross-border M & A and Corporate Technological Progress of China [J]. Journal of Beijing Institute of Technology (Social Sciences Edition), 2010, 12 (2).

[65] Furlan, B., Oberhofer, H., Winner, H. A Note on Merger and Acquisition Evaluation [J]. Industrial & Corporate Change, 25 (3): 447-455.

[66] Spencer, Nick, J, et al. Global Equity Portfolio Strategy-May 2001. [J]. Black Book-Global Equity Portfolio Strategy, 2001 (5): 1-136.

[67] Goergen, M., Renneboog, L. Shareholder Wealth Effects of European Domestic and Cross-border Takeover Bids [J]. European Financia Management, 2004, 10 (1): 9-45.

[68] Golicic, S. L., Smith, C. D. A Meta-analysis of Environmentally Sustainable Supply Chain Management Practices and firm Performance [J]. Journal of Supply Chain Management, 2013, 49: 78-95.

[69] Grant R. M.. Toward a Knowledge-based theory of the firm [J]. Strategic Management Journal, 1996, 17 (S2): 109-122, 21 (15): 6647-51.

[70] Griliches, Z. Productivity, R & D and Basic Research at Firm Level in the 1970s [J]. American Economic Review, 1986, 76 (1): 141-54.

[71] Gunawan, S., Shieh, C. J. A Study on the Effects of Knowledge Share in Virtual Community on Creative Teaching Behaviors and Teacher Efficacy [J]. Eurasia Journal of Mathematics Science & Technology Education, 2016, 12 (4): 1101-1113.

[72] Haan, J., Vlahu, R. Corporate Governance of Banks: A Survey [J]. Journal of Economic Surveys, 2016, 30 (2): 228-277.

[73] Hagedoorn J., Cloodt M. Measuring Innovative Performance: Is there an Advantage in Using Multiple Indicators? [J]. Research Policy, 2003, 32 (8): 1365-1379.

[74] Hambrick D. C., Mason P. A. Upper Echelons: The Organization as a Reflection of its Top Managers [J]. Academy of Management Review, 1984, 9 (2): 193-206.

[75] Hambrick, Donald C., Mason, Phyllis A. Upper Echelons: The Organization as a Reflection of Its Top Managers [J]. Social Science Electronic Publishing, 1984, 9 (2): 193-206.

[76] Hamza, T. Determinants of Short-term Value Creation for the Bidder: Evidence from France [J]. Journal of Management & Governance, 2011, 15 (2): 157-186.

[77] Haresh Sapra, Ajay Subramanian, Krishnamurthy V. Subramanian. Corporate Governance and Innovation: Theory and Evidence [J]. Journal of Financial and Quantitative Analysis, 2014, 49 (4): 957-1003.

[78] Herrmann P., Datta D. K. Relationships between Top Management Team Characteristics and International Diversification: An Empirical Investigation [J]. British Journal of Management, 2005, 16 (1): 69-78.

[79] Hesterly W., Cannelia A. Top Management Team Tenure and Technological Inventions at post-IPO Biotechnology Firms [J]. Journal of Business Research, 2012, 65 (9): 1349-1356.

[80] Hitt M. A., Hoskisson R. E., Johnson R. A., et al. The Market for Corporate Control and Firm Innovation [J]. Academy of Management Journal, 1996, 39 (5): 1084-1119.

[81] Hitt M. A., Ireland R. D., Harrison J. S., et al. Effects of Acquisitions on R & D Inputs and Outputs. [J]. Academy of Management Journal,

1991, 34 (3): 693-706.

[82] Hitt, Michael A., R. E. H. D. Ireland. Special Issue: Corporate Entrepreneurship Mergers and Acquisitions and Managerial Commitment to Innovation in M-Form Firms [J]. Strategic Management Journal, 1990 (11): 29-47.

[83] Hosono K., Tomiyama M., Miyagawa T. Corporate Governance and Research and Developent: Evidence from Japan [J]. Economics of Innovation and New Technology, 2004, 13 (2): 141-164.

[84] Hos Shaker, A. Zahra, et. al. Entrepreneurship in Medium-Size Companies: Exploring the Efects of Ownership and Governance System [J]. Journal of Management, 2000 (26).

[85] Hromei, A. S. Motive de Realizare a Fuziunii Societ Ăllor Comerciale I Impactul Acestor Opera Iuni [J]. Management Intercultural, 2013, 15 (1): 43-50.

[86] Hu Hongyan. Research Review on the Transnational Merger Reason [J]. Economic Research Guide, 2014 (14): 226-229.

[87] Huang, X. The Impact of Strategic Market Entry Considerations on the Financial Performance of Chinese Investment in the Australian Mining Industry [J]. Thunderbird International Business Review, 2015, 57 (4): 323-339.

[88] Humphery-Jenner, M., Sautner, Z., Suchard, J. A. Cross-border Mergers and Acquisitions: The Role of Private Equity Firms [J]. Strategic Management Journal, 2017, 38 (8): 1688-1700.

[89] Huyghebaert, N., Luypaert, M. Value Creation and Division of Gains in Horizontal Acquisitions in Europe: The Role of Industry Conditions [J]. Applied Economics, 2013, 45 (14): 1819-1833.

[90] Jansson, J., Nilsson, J., Modig, F., Vall, G. H. Commitment to Sustainability in Small and Medium-sized Enterprises: The Influence of

Strategic Orientations and Management Values [J]. Business Strategy and the Environment, 2017, 26: 69-83.

[91] Jean J. Chen, Xuguang Liu, Weian Li. The Effect of Insider Control and Global Benchmarks on Chinese Executive Compensation [J]. Corporate Governance: An International Review, 2010, 18 (2): 107-123.

[92] Jennifer Francis, Abbie Smith. Agency Costs and Innovation Some empirical Evidence [J]. Journal of Accounting and Economics, 1995, 19 (2): 383-409.

[93] Jensen, Michael C., Murphy, Kevin J. Performance Pay and Top-Management Incentives [J]. Journal of Political Economy, 1990, 98 (2): 225-264.

[94] Jun Li. Top Management Team Restructuring in Pre-IPO High Technology Startups: The Influence of TMT Characteristics and Firm Growth [J]. Journal of High Technology Management Research, 2008, 19 (1): 69.

[95] Kale, P., Singh, H. Management of Overseas Acquisitions by Developing Country Multinationals and Its Performance Implications: The Indian Example [J]. Thunderbird International Business Review, 2017, 59 (2): 153-172.

[96] Karen A. Bantel, Susan E. Jackson. Top Management and Innovations in Banking: Does the Composition of the Top Team Make a Difference? [J]. Strategic Management Journal, 2007, 10 (2): 107-124.

[97] Kim, Byoung-Jin, Jung, Jin-young. Cross-Border M & As Involving an Emerging Market [J]. Emerging Markets Finance & Trade, 2016, 52 (11): 2454-2472.

[98] Kling, G., Ghobadian, A., Hitt, M. A., Weitzel, U., O'Regan, N. The Effects of Crossborder and Cross-industry Mergers and Acquisitions on

Home-region and Global Multinational Enterprises [J]. British Journal of Management, 2014, 25: S116-S132.

[99] Knockaert M., Bjornali E. S., Erikson T. Joining Forces: Top man-Agement Team and Board Chair Characteristics as Antecedents of Board Service Involvement [J]. Journal of Business Venturing, 2015, 30 (3): 420-435.

[100] Laszlo Tihanyi, et al. Composition of the Top Management Team and firm International Diversification [J]. Journal of Management, 2000, 26 (6): 1157-1177.

[101] Lee, D. Cross-border Mergers and Acquisitions with Heterogeneous firms: Technology vs. Market Motives [J]. North American Journal of Economics & Finance, 2017, 42: 20-37.

[102] Leepsa, N. M., Mishra, C. S. Past Studies on Post M & A Performance: A Review of Manufactring Firms in India [J]. Vilakshan: The XIMB Journal of Management, 2016, 13 (1): 115-138..

[103] Lehto, E. Motives to Restructure Industries: Finnish Evidence of Cross-border and Domestic Mergers and Acquisitions [J]. Papers in Regional Science, 2006, 85 (1): 1-21.

[104] Lel, U., Miller, D. P. Does Takeover Activity Cause Managerial Discipline? Evidence from International M & A Laws [J]. Review of Financial Studies, 2015, 28 (6): 1588-1622.

[105] Li, T., Xue, Y., Lu, J., Li, A. Cross-Border Mergers and Acquisitions and the Role of Free Trade Agreements [J]. Emerging Markets Finance & Trade, 2018, 54 (5): 1096-1111.

[106] Liang, J., Xie, E., Redding, K. S. The International Market for Corporate Control and High-valuation Cross-border Acquisitions [J]. International Journal of Law & Management, 2017, 59 (6): 876-898.

[107] Liou, R. S., Chao, M. C. h., Ellstrand, A. Unpacking Institutional Distance: Addressing Human Capital Development and Emerging-Market Firms' Ownership Strategy in an Advanced Economy [J]. Thunderbird International Business Review, 2017, 59 (3): 281-295.

[108] Liu X., Lu J., Filatotchev I., et al. Returnee Entrepreneurs, Knowledge Spillovers and Innovation in High-tech firms in Emerging Economies [J]. Journal of International Business Studies, 2010, 41 (7): 1183-1197.

[109] M. Bradley, A. Desai, E. H. Kim. Synergistic Gains from Corporate Acquisitio-ns and Their Division between the Stockholders of Target and Acquiring Firms [J]. Journal of Financial Economics, 1988, 21 (1): 3-40.

[110] Margarethe F. Wiersema, Karen A. Bantel. Top Management Team Demography and Corporate Strategic Change [J]. The Academy of Management Journal, 1992 (1): 91-121.

[111] Marianna Sigala. Mass Customisation Implementation Models and Customer Value in Mobile Phones Services: Preliminary findings from Greece [J]. Journal of Service Theory & Practice, 2006, 16 (4): 395-420.

[112] Markovič, D., Rakita, B., Arsić, S., Momčilović, N. Motivi i Perspective Internacionalizacije Kineskih auto Kompanija-Studije SluÄaja Geely i Great Wall [J]. Prospects and Motives of Internationalization of China's Auto Companies-Case Studies Geely and Great Wall, 2014, 45 (2): 101-112.

[113] Mason A. Carpenter. The Implications of Strategy and Social Context for the Relationship between Top Management Team Heterogeneity and Firm Performance [J]. Strategic Management Journal, 2002, 23 (3): 275-284.

[114] Matthew Rhodes-Kropf, Robinson D. T. The Market for Mergers and the Boundaries of the Firm [J]. The Journal of Finance, 2008, 63

(3): 43.

[115] Mccormick B., Wahba J. Overseas Work Experience, Savings and Entrepreneurship Amongst Return Migrants to LDCs [J]. Scottish Journal of Political Economy, 2001, 48 (2): 164-178.

[116] Monthly Features [J]. Black Book-Global Equity Portfolio Strategy, 2001 (5): 7-35.

[117] Mori M., Saito M., Toshiba K. K. Mining Product Reputations on the Web [J]. Proceedings of Sigkdd, 2002: 341-349.

[118] Ou D., Liu X. Returnee Entrepreneurs and firm Performance in Chinese High-technology Industries [J]. International Business Review, 2009, 18 (4): 373-386.

[119] Pakes, Ariel, Griliches, Zvi. Patents and R & D at the firm Level: A First Report [J]. Economics Letters, 1980, 5 (4): 377-381.

[120] Parthasarathy, S., Momaya, K. S., Jha, S. K. EMNEs Venturing into Advanced Economies: Findings from Comparative Cases of Two Indian MNEs [J]. Thunderbird International Business Review, 2017, 59 (3): 437-454.

[121] Pathan, Y. Should India look at Outward FDI? [J]. Review of Management, 2016, 6 (3/4): 39-53.

[122] Peggy M. Lee, Hugh M. O'neill. Ownership Structures and R & D Investments of U. S. and Japanese firms: Agency and Stewardship Perspectives [J]. Academy of Management Journal, 2003, 46 (2): 212-225.

[123] Pindado, J., Requejo, I. Family Business Performance from a Governance Perspective: A Review of Empirical Research [J]. International Journal of Management Reviews, 2015, 17 (3): 279-311.

[124] Popli, M., Kumar, V. Jumping from Springboard? The Role of Marginal Cultural Distance in Cross-Border M & A Deal Completion [J]. Thun-

derbird International Business Review, 2016, 58 (6): 527-536.

[125] Prabhu V., Vogt B., Wu W., et al. Direct Measurement of the Counterion Distribution within Swollen Polyelectrolyte films [J]. Langmuir: The Acs Journal of Surfaces & Colloids, 2005, 21 (15): 6647-6651.

[126] Prahalad, Hamel. The Core Competence of the Corporation [J]. Harvard Business Review, 1990, 68 (3): 79-90.

[127] Qian, W., Boateng, A. Cross-Border M & As by Chinese Firms: An Analysis of Strategic Motivation and Performance [J]. International Management Review, 2007, 3 (4): 19-29.

[128] Ranju, P. K., Mallikarjunappa, T. The Effect of Cross-Border Mergers and Acquisitions on Shareholder Wealth: Evidence from Indian High-technology Industry [J]. South Asian Journal of Management, 2018, 25 (2): 139-166.

[129] Renee B. Adams, Daniel Ferreira. Women in the Boardroom and Their Impact on Governance and Performance [J]. Social Science Electronic Publishing, 2007, 94 (2): 291-309.

[130] Rivero A. J. Sex and Gender Differences in Perceived and Actual Leadership Performance: Self-and Subordinate Views [D]. university of North Texas, 2003.

[131] Roberts, B. M., Thompson, S., Mikolajczyk, K. Privatization, Foreign Acquisition and the Motives for FDI in Eastern Europe [J]. Review of World Economics, 2008, 144 (3): 408-427.

[132] Rong, Z. Blessed or Exploited? A Tale of the Impact of Acquirers' Origins on Acquisition Premiums for Targets in Developed Countries [J]. Academy of Management Annual Meeting Proceedings, 2017 (1): 1-6.

[133] Rui H., Yip G. S. Foreign Acquisitions by Chinese firms: A

Strategic intent Perspective [J]. Journal of World Business, 2008, 43 (2): 213-226.

[134] Schoonhoven R., Prijs V. F., Schneider S. DPOAE Group Delays Versus Electrophysiological Measures of Cochlear Delay in Normal Human Ears [J]. The Journal of the Acoustical Society of America, 2001, 109 (4): 1503-1512.

[135] Seru, Amit. Firm Boundaries Matter: Evidence from Conglomerates and R & D activity [J]. Journal of Financial Economics, 2014, 111 (2): 381-405.

[136] Shaker A. Zahra, Donald O. Neubaum, Morten Huse. Entrepreneurship in Medium-size Companies: Exploring the Effects of Ownership and Governances Systems [J]. Journal of management, 2000, 26 (5): 947-976.

[137] Sira J., Uppal S., Dezso A. Cyanoacrylate ("superglue") Injury to the Nasal Cavity: Case Report and a Proposed Management Algorithm [J]. 2011, 90 (1): 26-28.

[138] Souitaris V. External Communication Determinants of Innovation in the Context of a Newly Industrialized Country: A Comparison of Objective and Perceptual Results from Greece [J]. Technovation, 2001, 21 (1): 25-34.

[139] Stahl, G. K., Voigt, A. Do Cultural Differences Matter in Mergers and Acquisitions? A Tentative Model and Examination [J]. Organization Science, 2008, 19 (1): 160-176.

[140] Stiebale J., Reize F. The impact of FDI Through Mergers and Acquisitions on Innovation in Target firms [J]. International Journal of Industrial Organization, 2011, 29 (2): 159-167.

[141] Stiebale, J., Trax, M. The Effects of Cross-border M & As on the Acquirers' Domestic Performance: Firm-level Evidence [J]. Les Effets des

Fusions et Acquisitions Transfrontaliers Sur la Performance Domestique des Acquéreurs: Résultats au Niveau de la firme, 2011, 44 (3): 957-990.

[142] Szücs F. M & A and R & D: Asymmetric Effects on Acquirers and Targets? [J]. Research Policy, 2014, 43 (7): 1264-1273.

[143] Vismara, S., Paleari, S., Ritter, J. R. Europe's Second Markets for Small Companies [J]. European Financial Management, 2012, 18 (3): 352-388.

[144] Wernerfelt B., A Resource-based View of the Firm [J]. Strategic Management Journal, 1984, 5 (2): 171-180.

[145] Yakob, R., Nakamura, H. R., Strom, P. Chinese Foreign Acquisitions Aimed for Strategic Asset-creation and Innovation Upgrading: The Case of Geely and Volvo Cars [J]. Technovation, 2018, 70: 59-72.

[146] Yenn-Ru, C., Yu-Lin, H., Chun-Nan, C. Financing Constraints, Ownership Control, and Cross-Border M & As: Evidence from Nine East Asian Economies [J]. Corporate Governance: An International Review, 2009, 17 (6): 665-680.

[147] Ying Huang. The Research on Practice and Strategy of Technology Sourcing Foreign Direct Investment in USA by Chinese Enterprises [J]. Science and Technology Management Research, 2014 (9): 86-90.

[148] Zademach, H. Marth, Rodriguez-Pose, A. Cross-Border M & As and the Changing Economic Geography of Europe [J]. European Planning Studies, 2009, 17 (5): 765-789.

[149] Zaremba, A., Płotnicki, M Mergers and Acquisitions: Evidence on Postannouncement Performance from CEE Stock Markets [J]. Journal of Business Economics & Management, 2016, 17 (2): 251-266.

[150] Zhao X. Technological Innovation and Acquisitions [J]. Management

Science，2009，55（7）：1170-1183.

［151］曾律．基于虚拟机的软件保护系统设计研究［J］．华章，2011（23）：283.

［152］陈宏民，AnmingZllang．企业间的横向合并与国际贸易［J］．系统工程理论方法应用，1994，3（3）：25-32.

［153］陈劲，陈钰芬．企业技术创新绩效评价指标体系研究［J］．科学学与科学技术管理，2006，27（3）：86-91.

［154］陈隆，张宗益，杨雪松．上市企业公司治理结构对技术创新的影响［J］．科技管理研究，2005，25（9）：137-141.

［155］陈信元，张田余．兼并收购中目标企业定价问题的探讨［J］．南开管理评论，1999（3）：4-8.

［156］崔保军．企业并购动机综述［J］．企业经济，2004（8）：77-78.

［157］董平，周小春．技术并购、吸收能力与企业技术创新动态能力——来自创业板上市公司的证据［J］．科技管理研究，2018（7）：34-40.

［158］杜锐．中国技术获取型跨国并购创新绩效的影响因素研究［D］．南京：南京理工大学，2017.

［159］范黎波，杨金海，史洁慧．女性领导力特质对员工绩效的影响研究——基于团队氛围的调节效应［J］．南京审计大学学报，2017，14（4）：34-43.

［160］冯福根，吴林江．我国上市公司并购绩效的实证研究［J］．经济研究，2001（1）：54-61.

［161］冯向东．中国企业海外并购绩效研究［D］．大连：东北财经大学，2012.

［162］高管团队异质性、所有权性质与银行创新能力——基于中国16家上市银行实证研究（2006—2015年）［J］．金融理论与实践，2017（4）：39-45.

［163］顾杰，王雨芹．高管团队人力资本异质性与企业绩效相关性研究——基于高科技上市公司的数据［J］．财会通讯，2015（21）：54-70.

［164］顾仰洁．新员工社会化中主动性人格与角色外行为研究［D］．上海：上海交通大学，2008.

［165］韩世坤．20 世纪 90 年代全球企业并购研究兼论——WTO 框架下中国企业的跨国并购策略［M］．北京：人民出版社，2002.

［166］韩小萃．高管背景特征与公司绩效关系的实证研究——基于 2009—2011 年上证 A 股制造业上市公司的经验数据［D］．大连：东北财经大学，2013.

［167］何新宇，陈宏民．横向合并动机与技术差距［J］．预测，2000（6）：46-49.

［168］洪锡熙，沈艺峰．公司收购与目标企业股东收益的实证分析［J］．金融研究，2001，（3）：26-33.

［169］胡晓，王为一，朱艳阳，卢君生．高管团队教育程度异质性对技术创新能力的影响研究——以湖北省东湖高新技术开发区企业为例［J］．商业经济，2014（5）：87-89.

［170］胡雪峰，吴晓明．并购、吸收能力与企业创新绩效——基于我国医药上市公司数据的实证分析［J］．江苏社会科学，2015（2）：25-32.

［171］胡宇琴．高管海外背景、过度自信与企业绩效［D］．成都：西南交通大学，2016.

［172］黄璐，王康睿，于会珠．并购资源对技术并购创新绩效的影响［J］．科研管理，2017（S1）：301-308.

［173］贾红睿，陈宏民，张旭．企业兼并动机与效应理论研究综述［J］．辽宁工程技术大学学报（社会科学版），1999（3）：25-26.

［174］贾振全，孙淑霞．高管团队关系强度对企业创新绩效的影响［J］．技术经济与管理研究，2013（9）：37-41.

［175］江斌．兼并收购和市场反应［J］．预测，2002，21（6）：49-53.

［176］李华晶，张玉利．高管团队特征与企业创新关系的实证研究——以科技型中小企业为例［J］．商业经济与管理，2006（5）：9-13.

［177］李平，许家云．金融市场发展、海归与技术扩散：基于中国海归创办新企业视角的分析［J］．南开管理评论，2011，14（2）：150-160.

［178］李善民，李珩．中国上市公司资产重组绩效研究［J］．管理世界，2003（11）：126-134.

［179］李善民，陈玉罡．上市公司兼并与收购的财富效应［J］．经济研究，2002，（11）：27-35.

［180］李善民，朱滔，陈玉罡，曾昭灶，王彩萍．收购公司与目标企业配对组合绩效的实证分析［J］．经济研究，2004，（6）：96-104.

［181］李松美．高新技术企业高管团队特征对创新绩效的影响研究［D］．天津：天津工业大学，2015.

［182］李小青，孙银风．商业银行董事会异质性、金融创新与财务绩效——基于沪深两市上市银行10年的数据［J］．中国集体经济，2014，6（18）：9-10.

［183］李心丹，朱洪亮，等．基于DEA的上市公司并购效率研究［J］．经济研究，2003（10）：15-24.

［184］梁国勇．企业购并动机和购并行为研究［J］．经济研究，1997（8）：40-46.

［185］梁岚雨．中国上市公司并购绩效的实证分析［J］．世界经济文汇，2002，（6）：50-61.

［186］林新奇，蒋瑞．高层管理团队特征与企业财务绩效关系的实证研究——以我国房地产上市公司为例［J］．浙江大学学报，2011，41（3）：190-197.

［187］刘开勇，华玮．外部环境急剧变化下中国企业的创新发展

[J]. 创新与创业管理，2013（1）：27-38.

[188] 刘晓敏，李垣，史会斌. 治理机制对企业技术创新的影响路径研究 [J]. 科学学研究，2005，23（5）：697-702.

[189] 刘志杰. 海外横向并购能否提升公司绩效 [J]. 财经问题研究，2015，（11）：121-126.

[190] 罗伯特·F. 布鲁纳. 应用兼并与收购 [M]. 张陶伟，彭永江，译. 北京：中国人民大学出版社，2011.

[191] 罗思平，于永达. 技术转移、“海归”与企业技术创新——基于中国光伏产业的实证研究 [J]. 管理世界，2012（11）：124-132.

[192] 吕媛，黄国良. 高技术产业研发投入的影响因素研究 [J]. 科技管理研究，2009（2）：197-200.

[193] 马富萍，郭晓川. 高管团队异质性与技术创新绩效的关系研究——以高管团队行为整合为调节变量 [J]. 科学与科学技术管理，2010，31（12）：186-191.

[194] 马建威. 中国企业海外并购绩效研究 [D]. 大连：大连理工大学，2013.

[195] 毛会晶，李钊. 中国大力发展高技术产业的必要性——基于中国经验数据的探讨 [J]. 经济研究导刊，2010（34）：195-196.

[196] 梅强，徐胜男. 高层管理团队异质性、团队冲突和创业绩效的关系研究——以冲突管理为调节变量 [J]. 经济与管理研究，2012（6）：94-103.

[197] 默佳鑫. 高管团队海外背景对企业创新绩效的影响研究 [D]. 大连：大连理工大学，2016.

[198] 任海云. 公司治理对 R & D 投入与企业绩效关系调节效应研究 [J]. 管理科学，2011，24（5）：37-47.

[199] 任颋，王峥. 女性参与高管团队对企业绩效的影响：基于中国民营企业的实证研究 [J]. 南开管理评论，2010（5）：83-93.

［200］石大林．股权集中度、董事会特征与公司绩效的关系研究［J］．东北财经大学学报，2014（1）：28-33.

［201］宋建波，沈皓．管理者代理动机与扩张式并购绩效的实证研究——来自沪深 A 股市场的经验证据［J］．财经问题研究，2007（2）.

［202］孙海法．领导策略与团队管理［M］．广州市：中山大学出版社，2003.

［203］孙早，肖利平．产业特征、公司治理与企业研发投入——来自中国战略性新兴产业 A 股上市公司的经验证据［J］．经济管理，2015，37（8）：23-34.

［204］孙忠娟，谢伟．中国企业技术并购的经营业绩研究［J］．科学学研究，2012，30（12）：1824-1829.

［205］唐纳德·德帕姆菲利斯．收购、兼并和重组——过程、工具、案例与解决方案（第 7 版）［M］．郑磊，译．北京市：机械工业出版社，2010.

［206］陶建宏，师萍，段伟宇．高阶理论研究综述——基于跨层次整合视角［J］．科技管理研究，2013，33（10）：224-229.

［207］王海燕．股权性质、机构投资者持股比例与并购绩效相关性研究［J］．财会通讯，2016，（12）：69-72.

［208］王辉，臧日宏，李伟．高管团队异质性、行为整合与企业创新决策［J］．科技与经济，2015，28（4）：81-85.

［209］王路．高管团队背景特征、激励与企业技术创新绩效——基于创业板上市公司的数据［D］．上海：华东师范大学，2016.

［210］王宛秋，马红君．技术并购主体特征、研发投入与并购创新绩效［J］．科学学研究，2016，34（8）：1203-1210.

［211］王宛秋，马红君．技术并购主体特征、研发投入与并购创新研究［J］．科学学研究，2016（8）：1203-1210.

［212］王宛秋，张永安，刘煜．我国上市公司技术并购绩效的实证研

究［J］. 科学学研究，2009，27（11）：1712–1719.

［213］王雪莉，马琳，王艳丽. 高管团队职能背景对企业绩效的影响：以中国信息技术行业上市公司为例［J］. 南开管理评论，2013，16（4）：80–93.

［214］王彦敏. 公司治理问题与创新企业的产生——中国国企改革新的路径选择［J］. 中共浙江省委党校学报，2008（1）：33–40.

［215］王瑛，官建成，马宁. 我国企业高层管理者、创新策略与企业绩效之间的关系研究［J］. 管理工程学报，2003，17（1）：1–6.

［216］威廉·拉让尼克，玛丽·奥苏丽文. 公司治理与产业发展——一种基于创新的治理理论及其经验研究［M］. 黄一义，译. 人民邮电出版社，2005.

［217］韦小柯. 高层管理团队特征与企业 R & D 投入关系研究［J］. 科学学研究，2006，24（s2）：553–557.

［218］魏海波. 高管团队特征与企业成长性的实证研究［D］. 济南：济南大学，2014.

［219］魏立群，王智慧. 我国上市公司高管特征与企业绩效的实证研究［J］. 南开管理评论，2002，5（4）：16–22.

［220］温成玉，刘志新. 技术并购对高技术上市公司创新绩效的影响［J］. 科研管理，2011，32（5）：1–7.

［221］吴崇，林范丽. 制度双元性下的高管权力与企业海外创新绩效［J］. 科学学与科学技术管理，2017（2）：89–101.

［222］吴汉英. 高管任期、激励对企业创新的影响——基于管理防御视角［D］. 北京：中国矿业大学，2017.

［223］吴健中，汤澄. 我国企业横向控股兼并行为的经济学分析［J］. 系统工程学报，1997，12（3）：82–88.

［224］吴静. 海归高管能促进企业技术创新吗？［D］. 太原：山西大学，2016.

［225］吴晓芳．海外并购对我国技术创新能力的影响研究［D］．杭州：浙江大学，2015.

［226］吴映玉，陈松．新兴市场企业的技术追赶战略——海外并购和高管海外经历的作用［J］．科学学研究，2017，35（9）：1378-1385.

［227］项代有．中国企业海外并购财务风险管控因素研究［M］．上海：立信会计出版社，2015.

［228］肖久灵．企业高层管理团队的组成特征对团队效能影响的实证研究［J］．财贸研究，2006，17（2）：112-117.

［229］肖挺，刘华，叶芃．高管团队异质性与商业模式创新绩效关系的实证研究：以服务行业上市公司为例［J］．中国软科学，2013（8）：125-135.

［230］谢凤华，姚先国，古家军．高层管理团队异质性与企业技术创新绩效关系的实证研究［J］．科研管理，2008，29（6）：65-73.

［231］谢伟，孙忠娟，李培馨．影响技术并购绩效的关键因素研究［J］．科学学研究，2011，29（2）：245-251.

［232］胥朝阳，黄晶，颜金秋，等．上市公司技术并购绩效研究［J］．中大管理研究，2009，4（4）：18 - 34.

［233］徐臣午．高管团队海外经验、研发战略决策及其创新绩效的关系研究［D］．南京：南京财经大学，2016.

［234］徐宁．高科技公司高管股权激励对 R & D 投入的促进效应——一个非线性视角的实证研究［J］．科学学与科学技术管理，2013，34（2）：12-19.

［235］许敏，王静华．基于股权结构的 R & D 投入与企业绩效关系的调节效应研究［C］//中国会计学会，中国财务学会．中国会计学会财务管理专业委员会 2012 年学术年会暨第十八届中国财务学年会论文集，2012：180-187.

［236］薛有志，李国栋．多元化企业内部控制机制实现路径差异性研

究——基于高阶梯队理论视角［J］. 当代经济科学，2009（2）：85-127.

［237］杨国忠，杨明珠. 基于CEO变动调节效应的高管团队特征对企业研发投资及技术创新绩效的影响研究［J］. 工业技术经济，2016（2）：51-59.

［238］杨林，段牡钰，刘娟，等. 高管团队海外经验、研发投入强度与企业创新绩效［J］. 科研管理，2018，39（6）：9-21.

［239］杨林. 高管团队异质性、企业所有制与创业战略导向——基于中国中小企业板上市公司的经验证据［J］. 科学学与科学技术管理，2013（9）：159-171.

［240］应郭丽. 跨国并购对我国企业技术创新能力的影响［D］. 杭州：浙江工业大学，2013.

［241］于成永，施建军. 技术并购、创新与企业绩效：机制和路径［J］. 经济问题探索，2012（6）：103-109.

［242］于慧越. 制造业上市公司股权结构对企业创新影响研究［D］. 天津：天津财经大学，2008.

［243］余光，唐国兴. 企业购并的动因模型和防御动因假说［J］. 数量经济技术经济研究，2000（9）：35-38

［244］余光，杨荣. 企业购并股价效应的理论分析和实证分析［J］. 当代财经，2000（7）：70-74.

［245］张丽英. 技术并购与技术创新［J］. 技术经济与管理研究，2013（3）：25-29.

［246］张丽英. 技术并购与技术创新［J］. 技术经济与管理研究，2013（3）：25-29.

［247］张平. 高层管理团队异质性与企业绩效关系研究［J］. 管理评论，2006，18（5）：54-61.

［248］张新. 并购重组是否创造价值——中国证券市场的理论与实证

研究［J］. 经济研究，2003（6）：20-29.

［249］张峥，聂思. 中国制造业上市公司并购创新绩效研究［J］. 科研管理，2016，37（4）：36-43.

［250］赵风明. 产权性质、高管背景特征与企业绩效［D］. 杭州：浙江财经大学，2015.

［251］赵景华，于鹏. 跨国公司海外子公司的理论新发展［J］. 经济管理新管理，2005（10）：19-24.

［252］赵云娜. 我国技术型海外并购创新绩效研究［D］. 北京：北京交通大学，2017.

［253］周建，尹翠芳，陈素蓉. 董事会团队属性对企业国际化战略的影响研究［J］. 管理评论，2013，25（11）：133-143.

［254］朱宝宪，王怡凯. 1998 年中国上市公司并购实践的效应分析［J］. 经济研究，2002（11）：20-26.

［255］朱庚春，徐策中，侯玲. 技术创新理论与技术创新绩效［J］. 经济纵横，1997（4）：19-22.

［256］朱治理，温军，李晋. 海外并购、文化距离与技术创新［J］. 当代经济科学，2016，38（2）：79-86.

索 引

B

Bartlett's 球形检验………………… 123
并购动机 …………………………… 015
并购成熟度 ………………………… 072
并购经验因子 ……………………… 125

C

创新绩效 …………………………… 009
财务绩效 …………………………… 010

D

多重共线性 ………………………… 026

F

非参数检验 ………………………… 027

G

高管背景 …………………………… 076
股价变动 …………………………… 009
公司治理 …………………………… 004
股权集中度 ………………………… 015

H

海外技术并购 ……………………… 003
海外工作背景 ……………………… 026
海外学习背景 ……………………… 026
回归分析 …………………………… 028

J

均值比较 …………………………… 101
经营状况因子 ……………………… 125

K

KMO 抽样适度测定值 …………… 123

M

描述性统计 ………………………… 102

Q

企业规模因子 ……………………… 125

S

市场行情 ………………………… 024

T

团队异质性 ……………………… 026

W

稳健性检验 ……………………… 149

X

相关性检验 ……………………… 167

Y

因子分析 ………………………… 028

研发投入 ………………………… 011

Z

主体特征 ………………………… 011

治理结构因子 …………………… 125